Endo Anaconda
Sofareisen

D1705370

Endo Anaconda

Sofareisen

Mit einem Blick auf die Welt 2015

Unionsverlag

Die Erstausgabe erschien 2005 im Ammann Verlag.
Für diese Ausgabe hat der Autor die Texte durchgesehen und
durch ein Vorwort ergänzt.

Im Internet
Aktuelle Informationen, Dokumente, Materialien
zu Endo Anaconda und diesem Buch
www.unionsverlag.com

© by Endo Anaconda, 2015
© by Unionsverlag 2015
Rieterstrasse 18, CH-8027 Zürich
Telefon +41 44 283 20 00, Fax +41 44 283 20 01
mail@unionsverlag.ch
Alle Rechte vorbehalten
Umschlaggestaltung: Martina Heuer, Zürich
Umschlagbild: froodmat/photocase.com
Druck und Bindung: CPI – Clausen & Bosse, Leck
ISBN 978-3-293-00497-9

Inhalt

5

Im Auge des Orkans

Die Jahre sind ins Land gegangen, seit *Sofareisen* wochenlang den ersten Platz der Schweizer Bestsellerlisten blockierte. Das war umso erstaunlicher, als es sich bei dem Buch um eine Kolumnensammlung handelt. Lohnschreiberei also, welcher ich selber, wohl weil ich noch immer von meinem literarischen Durchbuch als Romanschreiber träumte, keine größere Bedeutung beimaß.

Die Jahre sind nicht spurlos an mir vorübergegangen, am Buch übrigens auch nicht. Obwohl das Letztere robuster war als meine berufliche Karriere als Kolumnist. Es gibt doch tatsächlich immer noch Leute, die behaupten, mit Freude jeden Montag meine *Bärbeisser*-Kolumne zu lesen, obwohl ich seit zehn Jahren nicht mehr für die *Berner Zeitung* schreibe. Die Zeit scheint stehen geblieben zu sein, obwohl sich draußen die Welt immer schneller dreht. Nichts hat sich geändert, alles ist schlimmer geworden.

Kolumnen schreiben jetzt andere, es sei ihnen vergönnt. Schließlich braucht jede ernstzunehmende Zeitung Geschichten, welche uns den täglichen Horror der News irgendwie erträglicher machen. Dieses beunruhigende, ferne Gemetzel, welches sich unterschwellig als Misston in unsere Selbstzufriedenheit schleicht, bevor wir uns wieder, Ablenkung suchend, durchs Abendprogramm zappen, nachdem wir die dreifach verglaste Balkontüre wegen Sturmwarnung verriegelt haben. Sicher im Auge des Orkans, in spannender Erwartung der Schadensmeldungen aus dem Berggebiet. Bis sich ins leichte Grausen über die heimischen Muren,

Lawinen, Überschwemmungen und Brände eine bedenkliche Freude mischt. Weil man selber nie betroffen ist, wenn es einen nicht trifft. Dieses Sicherheitsgefühl braucht man, will man nicht im Kulturpessimismus enden. Der Alltag muss bewältigt werden, egal ob im Krieg oder in einer Gewitterfront. Vielleicht ist es die Beschreibung der Alltagsbewältigung im Zustand unserer allgemeinen Bewegungslosigkeit innerhalb der globalen Katastrophe, weswegen noch immer nach diesem Buch gefragt wird, obwohl große Teile des Personals entweder verstorben sind oder gesellschaftlich keine Rolle mehr spielen.

So sind Nella Martinetti, Uriella und Kurt Wasserfallen zu betrauern. Auch das politische Personal hat gewechselt. Stadtpräsident Klaus Baumgartner wurde durch Alexander Tschäppät ersetzt, und der geht nächstens in Pension. Was danach kommen soll, steht in den Sternen. Ich weiß nicht, ob Baumgartner immer noch versucht, seine Gewichtsprobleme mit Thonsalat in den Griff zu bekommen. Ich jedenfalls esse keinen Thunfisch mehr, habe nur noch eine ungeöffnete, wunderschön gestaltete Dose *Tonno Carlo Forte* auf der Küchenkommode stehen, als Mahnmal für eine aussterbende Gattung. In der Hoffnung, dass im Blech, olivenölkonserviert, genügend DNA erhalten bleibt, damit künftige Gentechnologen diesen beeindruckenden Meeresbewohner irgendwann einmal wieder zum Leben erwecken können.

Nur Christoph Blocher und unser SVP-Popstar Thomas Fuchs machen unbeirrt weiter. Blocher treibt den Bundesrat noch in den Wahnsinn, weil dieser den Volkswillen gegen den Willen des Volkes durchsetzen muss. Der Fuchs hingegen beabsichtigt, im Unterschied zu den Herren Haas und Mäusli, von der Kantonal- in die Bundespolitik aufzusteigen und als politisches Schwergewicht in einem Nationalratssessel die Erdkruste zu belasten.

Mehmet, ein anderer Held des Buches, hat seinen Job als Taxifahrer wegen Uber verloren, konnte aber erfolgreich die Branche wechseln. Mittlerweile hat er das zweihundertste Fastfood-Restaurant in der Stadt Bern eröffnet und ist deswegen vom Volkswirtschaftsdepartement mit dem »Goldenen Kebab im Lorbeerkranz« geehrt worden. Das sei ihm von Herzen gegönnt, ist doch der Duftchüssihandel seit Jahren rückläufig. Die Jungen nehmen nur noch so Partyzeugs, und das läuft alles übers Netz. Überhaupt entfliehen sie, anstatt psychodelische Erfahrungen zu sammeln, lieber mittels iPhone in andere Welten, um am nächsten Tag wieder fit fürs Praktikum zu sein. Die zunehmende Drogenverdrossenheit unserer Jugendlichen scheint die US-Wachstumsprognosen zu bedrohen, sodass die Amerikaner daran sind, den Hanf, welchen sie der Welt 1922 verboten haben, wieder zu legalisieren.

Trotzdem erfreut sich die Bevölkerung unseres Landes dank flächendeckender Medikamentierung mit Ritalin, Benzos und Antidepressiva einer erfreulichen psychischen Stabilität. Im Unterschied zu den Österreichern, die jetzt, nachdem unser Euro-Mindestkurs über den Jordan gegangen ist, die Frankenkredite für ihre Einbauküchen mit Euros abzahlen müssen. Die Mutationen innerhalb der Cervelat-Prominenz sind nicht weiter erwähnenswert. Irgendwie bin ich froh, kein Society-Kolumnist geworden zu sein. Seit ich Shawne Fielding und Thomas Borer im *Blick* vermisse, hat mein Interesse an der *Glanz und Gloria*-Branche deutlich nachgelassen. Über Rafael Beutl oder Frieda Hodel dürfen andere schreiben. Borer/Fielding sind für mich nicht zu toppen.

Bezüglich Handy bin ich meinen Überzeugungen untreu geworden, weil ich mittlerweile einen völlig veralteten Knochen der Marke Nokia mein Eigen nenne. Ab und zu verspüre ich das Bedürfnis, mich irgendwo in ein Funkloch zu verkriechen, weil ich den Verdacht habe, dass jedes meiner Telefonate, jedes parshipen, jedes gekaufte Joghurt, meine Krankendaten oder mein Fitnessstatus bis in alle Ewigkeit abgespeichert bleibt. Egal ob ich ins Muotathal flüchte, um mich dort im Höllloch zu verstecken, oder ob ich LED-beleuchtet (Osram gibts ja nicht mehr) verstorben ins Feuer fahre.

Tröstlich ist allerdings, dass die Jungmannschaft mit der digitalen Welt besser zurechtkommt als ich. Ich scheitere schon an der Sprache des Manuals. All die neuen Worte, vor denen ich mich ekle, sodass ich mich weigere, sie auswendig zu lernen. Indes ich, den Tod der Sprache befürchtend, in der Einsamkeit meines analogen Bücherturms noch immer altersstarrsinnig Kafka, Dürrenmatt und Simon Gfeller in der gedruckten Ausgabe lese. Aus dieser düsteren Stimmung reißen mich höchstens die SMS, die mir mein Sohn schickt, dessen Sprachschöpfungen ihn für mich in die Nähe der konkreten Poesie à la Ernst Jandl rücken.

Die Zeiten ändern sich, doch Sofareisen sind aktueller denn je. Womöglich wird man in Zukunft die Schweiz nur noch virtuell verlassen können, weil Pauschalreisen bald nur noch etwas für sehr Abenteuerlustige sind. Bald wird es attraktiver sein, zum Beispiel Sibirien virtuell zu bereisen, zurückversetzt in eine Zeit, als die Tundra noch kalt und weiß war. Weil sie sich in einen morastigen, Methan furzenden Sumpf verwandelt hat, nur weil man den Klimaschutz für einige Prozent Wirtschaftswachstum opferte. Wachstumswahn, für den unsere Kinder zu Weihnachten ihre iPhones an die Wand werfen, weil sie ein neues wollen. Die seltenen Erden, welche man zur Produktion derselben benötigt, kratzen dann Gleichaltrige in Afrika oder sonst wo mit bloßen Händen aus dem Boden.

Aus dem virtuellen Wachstum ist längst ein Überwachstum geworden. Jeder überwacht jeden. Wir delegieren unser Leben an die Rechner in der Cloud und sind bald nicht mehr in der Lage, ohne Google den nächsten Zebrastreifen zu finden.

Die ganze Welt auf einem Display. Wozu dann noch in die EU, wenn sowieso schon alles Welt ist? Weshalb der einheimischen Finanzgang kündigen, um sich der Mafia in die Arme zu werfen? Dann lieber, die aufsteigende Angst vor der Angst im Nacken, im windstillen Auge des Orkans durch die Balkontüre nach draußen schauen, was nach meinem Wohnungswechsel auch weniger deprimierend ist. Mittlerweile wohne ich nämlich im Obstberg-Quartier und schaue in den Hof des Laubegg-Schulhauses. Tobenden Kindern zuzusehen ist alleweil erheiternder, als auf die Wyleregg-Kreuzung zu starren und das Lichtspiel der Ampel im Stoßverkehr zu betrachten.

Endo Anaconda
28. 07. 2015

2001

Der erste Windstoß des neuen Jahrtausends ließ den Steuererklärungsstapel in sich zusammenkrachen. Da stand ich nun vor dem Badezimmerspiegel und den Trümmern eines abgebrochenen Aufbruchs. Sie ist ausgezogen, zur Mama. Mit Kind, Kegel und Telefon. Mir blieben bloß die Zimmerpflanzen. Oleander, Gummibaum und Schwiegermutterzungen. Wochenlang saß ich herum, rauchte oder drückte vor dem Spiegel Mitesser aus. Bis ich mit dem Sortieren der Belege von vorne anfing. Dann stürzten die Flugzeuge in die Türme. Irgendwie gelang es mir trotzdem, den privaten Blues mit der globalen Tragödie in Einklang zu bringen und wenigstens ab und zu den Mülleimer hinunterzutragen. Das überstand ich nur dank der Liebe, obwohl auch diese nicht klappte. Zum Glück gaben wenigstens Weihnachten, Ostern und der 1. August meinem Leben einen groben, kultischen Rahmen. Zwischendurch verschaffte ich mir mit kleinen Spielereien ein wenig Kurzweil. Zum Beispiel mit dem Abbrennen verspäteter Augustfeuerwerke. Auch die Pflege der Raumbegrünung begünstigte das Wiederfinden meiner inneren Balance. So richtig Freude herrschte aber erst wieder, als die Schweiz als letztes Land der Welt beschloss, sich den Vereinten Nationen anzugliedern. Jetzt ist nur noch der Vatikan kein UNO-Mitglied. Aber dieser ist ja ohnehin mehr des Himmels als von dieser Welt. Obwohl er seit 500 Jahren von unserer Schweizergarde militärisch besetzt ist.

Mein Lieblingsplatz, der Balkon

Mein Lieblingsplatz ist der Balkon. Von hier aus überblicke ich fast die ganze Länge des Marzilibades. Ich sitze viel auf meinem Balkon – auch in der kalten Jahreszeit. An der frischen Luft kann ich, ohne die Wohnung zu verstinken, meinem Lieblingshobby nachgehen – der Kettenraucherei!

Im Sommer sehe ich die Aareschwimmer mit ihren verschnürten Kehrichtsäcken den Fluss hinuntertreiben. Sie schreien, weil das Wasser kalt ist. Anfangs meinte ich immer, jemand sei am Ertrinken und ich müsse retten gehen. Mittlerweile überhöre ich die meist lustig gemeinten Schreie der Kältegeschockten, obwohl ich als Jugendlicher einen Rettungsschwimmerkurs absolviert habe. Ich habe die Aareschwimmerei vor einiger Zeit aufgegeben, weil mir immer die Zigaretten nass geworden sind.

Im Winter ist es ruhiger. Den wenigen steinharten Aareschwimmern ist es wahrscheinlich zu kalt, um herumzuschreien. Dafür sehe ich die Schwäne starten und landen. Für mich als Balkonornithologen sind die Schwäne die Jumbojets der Wasservogelwelt. Ich höre sie, lange bevor ich sie sehen kann. Startende Schwäne erzeugen ein unanständiges Geräusch – ein heiseres Stöhnen, wie im RTL-Nachtprogramm.

Ab und zu hechelt leise eine Gruppe joggender *ÖMCs* vorbei (Öppis mit Computer), um schön in Form zu bleiben. Sonst läuft nicht viel. So sehe ich mir halt seit drei Jahren im Winter die Bäume an, die es auch nicht leicht haben. Für den gewöhnlichen Aarewanderer ist Baum gleich Baum.

Ich sehe das differenzierter. Auch unter den Bäumen gibt es die ewigen Verlierer. Von den fünf Aarebäumen, die ich von meinem Balkon aus sehe, stehen vier ganz zufrieden herum. Der fünfte jedoch kommt immer an die Kasse. Durch exakte Beobachtungen habe ich herausgefunden, dass die meisten Hunde, die ihre Halter durch meinen Aareabschnitt zerren, die ersten vier Bäume ungedüngt lassen, um dann mit 65-prozentiger Wahrscheinlichkeit ihr Bein am fünften zu heben. Nicht, dass sich der Unglückliche das ständige An-gebiseltwerden anmerken lassen würde – aber leid tut er mir trotzdem.

Einmal, im vorletzten Sommer, wurde der Fünfte sogar von einem Diplomaten-BMW gerammt. Das Auto konnte man wegschmeißen. Die Fahrerin hat dank Airbag überlebt. Sie hatte den Baum übersehen, weil sie sich gerade im Rück-spiegel schminkte – und das mit 70 Stundenkilometern!

Am Wochenende geht es am Dalmaziquai zu wie am Nürburgring. Dann lasse ich, um nicht in Bümpliz einen Parkplatz suchen zu müssen, mein Auto stehen. Alle Rost-lauben des Kantons Freiburg parkieren entlang der Aare. So nehme ich halt das Dalmazibähnli (vulgo *Junkie-Express*) zur Bundesterrasse, wo sich die Drogenszene tummelt. Die Mini-Standseilbahn war schon rot, lange bevor Rot-Grün angefangen hat, die grünen Trams rot anzumalen.

Im Bähnli herrscht Rauchverbot. Trotzdem genieße ich die kurze Fahrt. Die schöne Aussicht wird allerdings mit Werbung verunmöglicht. Am schlimmsten ist die Figu-rella-Werbung. Ich werde aufgefordert, meine eventuellen Hemmungen zu überwinden und »schön in Form zu sein«. Vielleicht sollte ich den Stutz selber unter die Füße nehmen, denke ich mir erst. Doch dann zahle ich wieder einen Fran-ken und nehme die nächste Bahn retour. Bei der Retourfahrt fixiert mich schon wieder dieses omnipräsente Figurella-Mo-dell – dieser bodygewordene, ständige Vorwurf.

Resigniert mache ich mich auf den Heimweg, um die Bio-Henne aus meinem Frigo vor dem Verfallsdatum zu retten. Ich werde sie nach Großmutterart zubereiten und mich mit

ihr und einer guten Flasche 96er Shiraz auf den Balkon verziehen, den Schwänen beim Landemanöver zusehen, meine
Baumstudien betreiben und etwas rauchen. Es ist zwar Winter, es weht eine eisige Brise, und die Nachbarn werden komisch schauen – aber sie sind von mir ja einiges gewöhnt.

Fieber

Trotz aller Vorsicht hat mich das Fieber erwischt. Erst dachte ich, ich sei, von der anhaltenden Föhnwetterlage verleitet, meinem Lieblingshobby – der verdammten Bronchienteererei – auf dem Balkon zu leichtgeschürzt nachgegangen.

Doch Herr Doktor Schlegel, der zur Zeit an der Sanierung meiner Stimme arbeitet, meinte, diesmal treffe mich keine Schuld. Es sei ein Virus.

Gott segne seinen Berufsstand – lieber krank als schuldig. So richtig gesund war ich sowieso noch nie, seit ich mir in den Tropen die Malaria, Amöben, Ruhr, Gelbfieber, Fußpilz und unter der Haut nistende Spinnen geholt habe. Die verdammten Viecher schlüpfen erst nach 25 Jahren. Ich habe mich daran gewöhnt und verkaufe die Biester an eine bekannte Zoohandlung in der Altstadt. Das bringt mir neben der Kolumnenschreiberei ein weiteres regelmäßiges Einkommen.

Eingehüllt in zwei Wolldecken, halluziniere ich den Christbaum an meiner Seite, der den Abfuhrtermin verpasst hat. Ich tue, was ich nicht tun sollte – eine halbe Schachtel lang. Glücklich tot, starre ich mit meiner dürren Nordmanntanne auf die Aare und meine, wir sitzen am Ganges.

Unheilvoll lausche ich der schmurgelnden Influenza in meiner Brust. Wie konnte das passieren?

Hat mir der Erreger am Zytglogge aufgelauert? Oder linste er bei *Adrianos* von einem Ruccolablatt heimtückisch auf meine Raucherparodontose?

Hat mir ein Friburger beim Abendverkauf seine kontaminierten Tröpfchen ins Genick gehustet, oder war es die

Kioskverkäuferin? Ihre Hand zuckte so krank wie eine Stichsäge, als ich beim letzten Zigarettenkauf mein Münz nicht schnell genug aus der Tasche kramen konnte.

Hat es mich etwa im Coop Ostermundigen erwischt? Eher unwahrscheinlich! Früher schwätzte ich ab und zu noch mit der Dame an der Kasse. Heute will sie nur noch wissen, ob ich eine Supercard habe. – Ich habe keine. Kein Gespräch – keine Tröpfcheninfektion. Kann auch sein, dass mich mein Sohnemann vollgeschnuddelt hat – aber so ein Babyvirus kann doch einen 100-Kilo-Brocken nicht umwerfen.

Hundert feldstecher- und handybewaffnete Hobbyornithologen lauern vor meinem Haus auf die startenden Schwäne. Sie schicken ihre SMS der Vogelwarte Sempach und melden, dass der Anaconda mit seinem Christbaum auf dem Balkon sitzt und raucht.

Früher wurde per Handy noch geredet – heute gibts nur noch SMS. Die Schwäne haben sich wegen dem Strahlensmog verflogen – einst vermittelten sie mir Aufbruchsgefühle. Jetzt herrscht Totenstille – auch der Christbaum schweigt.

Wahrscheinlich bin ich hinüber. Himmel, Hölle oder Fegefeuer? Ich befrage den Stadtplan, wo in Bern das Jenseits zu finden ist, und werde fündig. Im City-West. Man kann bequem mit dem Auto hinfahren. Der Himmel befindet sich in einem Großraumbüro im sechsten Stock. Die Engel machen »öppis mit Computer«. Das Fegefeuer findet man im Fitnessstudio im ersten UG. Figurella lässt grüßen.

Im 25. Untergeschoss ist die Hölle. Dort müssen die Verdammten in der Heiligenschein-Stanzerei Nachtschicht schieben. Es ist zwar höllisch heiß dort – aber es gibt wenigstens Rauchpausen. Das Fieberthermometer zeigt jetzt 39,5 Grad Celsius. Fieber …

Meine Wohnung ist auch zu teuer

Natürlich habe ich seinerzeit Klaus Baumgartner gewählt. Die Auswahl war ja auch nicht rasend. Er stand auf der Liste und wird zudem nicht groß von politischen Visionen geplagt. Visionen kämen teurer, und Bern muss sparen. Er hat seine Arbeit gut gemacht und seine Stadt immer gut repräsentiert. Zumindest hat er einen guten Schneider. Auch seine Hüte finde ich toll. Selbst ein Schwergewicht, mag ich gut gekleidete schwere Jungs. Der Stapi liebt seinen Job, und er liebt Bern. Mit einem Jahresgehalt von 250 000 Franken wäre ich schon lange nach Muri geflüchtet. Ich verdiene kaum ein Drittel davon und überlege mir manchmal, ob ich mir diese Stadt überhaupt noch leisten kann. Die Steuern und die hohe Miete. Da geht es mir nicht anders als dem Stadtpräsidenten. »Lieber ein Loch in der Hose als ein Gewitter im Anzug«, hat sich Klaus Baumgartner wohl gedacht und muss sich jetzt eine billigere Wohnung suchen. Damit das scheinheilige Gschtürm endlich ein Ende hat.

Und der Dienstmercedes? Der Mann ist 63 und nicht der Leichtathlet Markus Ryffel. Er genießt sein Amt, und ich mag es ihm gönnen, dass er seine Aktentasche nicht mehr alleine schleppen muss. Mit dem Privatauto fände er kaum einen Parkplatz, und die meisten Taxifahrer wissen heutzutage nicht einmal mehr, wo das Bundeshaus ist, geschweige denn der Sitz der Stadtregierung im Erlacherhof. Mir ist halt der Bär im Dienstmercedes immer noch lieber als der Fuchs im Geländewagen (will er auf Bärensafari gehen?). Die Überlebenschancen für Fußgänger sind im Kollisionsfall beim

Mercedes höher als bei der Ramboschleuder, mit welcher der Fuchs durch die Stadt kutschiert.

In Ermangelung wichtiger politischer Themen appelliert man halt an den Neid der Leute und hackt auf unserem Stapi herum, nur weil er das gute Leben liebt. Sogar von einem Rücktritt war die Rede. Lächerlich! Für den finanziellen Ruin dieser Stadt ist Rot-Grün nicht verantwortlich und schon gar nicht Klaus Baumgartner. Der einzige Effekt ist ein obdachloser Stadtpräsident, der womöglich im Bärengraben übernachten muss. Dort müsste er dann Fuchs, Haas und Mäusli Gute Nacht sagen. Mir ergeht es ähnlich wie dem Stadtpräsidenten.

Meine jetzige Wohnung ist mir auch zu teuer – nur interessiert das niemanden. Sie kostet monatlich 2000 Franken, wegen der guten Lage an der Aare, und würde mich längerfristig gesehen finanziell ruinieren. Es ist zwar nur eine Vierzimmerwohnung, aber preislich gesehen genau das, was sich Klaus Baumgartner knapp leisten könnte. Das Rasenmähen übernimmt der Abwart – er ist in den Nebenkosten inbegriffen.

Ich wäre bereit, mit Baumgartner zu tauschen. Genaugenommen könnte ich mir die Stapiwohnung zwar nicht leisten – aber denen, die sich eine städtische Wohnung nach der Mietzinserhöhung nicht mehr leisten können, hilft ja sowieso die Fürsorge. Er könnte sich meine Wohnung wenigstens einmal anschauen. Ich würde ihm einen leckeren Thonsalat in Tupperware servieren, und er könnte mir streng vertraulich verraten, wo er seine Schalen schneidern lässt. Nur müsste er meinen Weihnachtsbaum übernehmen. Er ist kaum gebraucht, eine Nordmanntanne, und verliert seine Nadeln nicht.

Digitale Umweltverschmutzung

Großvater hatte noch ein Wandtelefon. Wenn es klingelte, hörte man es noch zwei Häuser weiter. Großvater brüllte beim Telefonieren so laut in die Hörermuschel, als ob er ein Sprechrohr benutzen würde. Sein Telefon war ihm heilig. Es wurde erst nach seinem Ableben von der Wand geschraubt.

Ganz anders meine Apparate. Ich werfe sie von Zeit zu Zeit an die Wand. Als vor zwei Wochen mein letztes Modell den Weg aller Telefone ging, beschloss ich, mir endlich einmal etwas Solides zu kaufen. Das Model Classic E104 von Swisscom. Von denen besitze ich schon den Fax NP 6. Die 70-seitige Bedienungsanleitung habe ich nicht verstanden – aber ein Kollege brachte das Ding wenigstens so weit, dass ich damit senden und empfangen kann. Mehr will ich ja auch nicht. Ich bin zufrieden mit dem Gerät. Alle anderen Funktionen sind sowieso digitale Umweltverschmutzung.

Das Telefon Classic E104 erinnerte mich außerdem an meine Kaffeemaschine Typ Jura Classic 100. Diese ist ein Juwel schweizerischen Kaffeemaschinenbaus, man kann sie sogar reparieren lassen. Das kostet allerdings mehr als eine neue Maschine.

Kurz, die Bezeichnung Classic E104 für ein Telefon schien mir Solidität zu versprechen.

Die Bedienungsanleitung ist zwar nur 45 Seiten lang, aber dafür ist sie kleingedruckt. Im Moment bin ich seit einer Woche auf Seite 3. Ich bin immer noch unerreichbar. Das

Model Classic fc 104 hat den Aufprall nicht überlebt. Ich werde mich wohl nach einem Wandtelefon umsehen müssen. Dann wäre das Telefon schon an der Wand, und ich bräuchte es nicht mehr zu werfen.

Selbstgespräche im Tram

Im Süden pflegt man auf offener Straße spontan zu singen oder lauthals seine Meinung kundzutun. Hierzulande begegnet man spontanem Verhalten eher skeptisch. Sogar die Fasnacht hat etwas Kontrolliertes. Ich habe sowieso den Verdacht, das sind alles verkleidete Lehrer.

Singt man unter dem Jahr spontan ein Lied, wird man mit Hartgeld beworfen. Führt man ein Selbstgespräch, gilt man als *Hälä*. Vielleicht, weil es früher gefährlich war, zu viel zu reden. Ein falsches Wort, und man wurde geviertelt, ins Rad geflochten, geteert und gefedert oder im heißen Öl gesotten. So sprach man meist nur, wenn man gefragt wurde. Auch sonst beschränkte man sich auf das Allernötigste.

Das waren, damals wie heute, meist Banalitäten. Trotzdem verhinderte der jahrhundertelange Austausch unverfänglicher Floskeln das Aussterben der Sprache – bis in unsere Zeit hinein. Man schimpfte über das Wetter und wünschte sich »einen schönen Tag« – obwohl man genau wusste, dass dieser Tag genauso langweilig verlaufen würde wie der vorhergegangene. Man hatte sich zwar nichts zu sagen, aber man redete wenigstens miteinander. Das beruhigte. Man konnte sogar Menschen kennenlernen oder sich verlieben.

Lange Zeit fuhr man so ganz gut im Tram. Bis mit den ersten klobigen Walkmans der Tram-Caruso die Bühne des öffentlichen Verkehrs betrat und abgeschottet von seiner akustischen Umwelt – autistisch, laut und kreuzfalsch – *Hotel California* zum Besten gab. Die Floskeln verstummten. Der »Schöne Tag« blieb einem im Halse stecken. Stattdessen räusperte man sich und war froh, wenn man endlich beim Zytglogge aussteigen konnte.

Mit dem Auftauchen der ersten Handys verstummten diese Nervensägen und mutierten zu Mobiltelefonierern. Die meisten ehemaligen Tram-Carusos haben heute einen Gehörschaden und schreien öffentlich Unwichtigkeiten in ihre Nokias. Sie lassen Flugzeuge abstürzen, stören Ättis Herzschrittmacher oder torkeln, letzte Blödheiten ins Netz brüllend, vors Tram, jetzt will man deswegen aus Sicherheitsgründen die Straßenbahnen rot anpinseln. Auch Kennenlernen ist schwierig geworden. Die Damen starren alle auf ihr Handy-Display. Ohne Handy keine SMS. Ohne SMS kein Kennenlernen. Ohne Kennenlernen kein Sex. Nicht einmal telefonisch. Aber aus dem Alter bin ich sowieso raus. Wo ist die Kommunikation geblieben?

Seit einiger Zeit führe ich im Tram laute Selbstgespräche. Niemand nimmt Notiz davon. Wahrscheinlich meint man, ich telefoniere mobil – dabei habe ich gar kein Handy! Ich gehöre zur Minderheit, die sich verweigert. Dies, obwohl mir immer wieder eingeredet wird, dass ich mit dieser Einstellung schon morgen zu den Verlierern und Deppen des intervernetzten globalen Dorfes »Welt« gehören werde. Trotzdem habe ich keine Lust, mir mein Gehirn mit einem Handy zu kochen. Da könnte ich ja gleich meine Haare im Mikrowellenofen föhnen.

Bis jetzt fühle ich mich auch noch nicht als Verlierer. Im Unterschied zu jenen Leuten, die ihre Erbschaft mit Telekommunikationsaktien virtualisiert haben. Sie sind die wahren Verlierer. Leute wie ich tragen ihre Ersparnisse ringförmig angeordnet auf den Hüften. Zur Freude des Gastromoguls Bindella, der Figurellas und der Internisten.

Besichtigungstermin

Seit ich meine Wohnung angeboten habe, werde ich von Wohnungssuchenden belagert. Im Tiefkühler stapelt sich, tupperwareverpackt, der Thonsalat. Das verhindert seit Wochen jeden Ansatz zu einer gesunden Ernährung. Er lagert dort, liebevoll zubereitet, und ist mir zum Wegschmeißen zu schade. Das Kindermurren droht mittlerweile in offene Rebellion umzuschlagen. Sie wollen nicht dreimal am Tag Thonsalat. Also schaufeln wir jeden Abend eine Schüssel davon unter den Baum, an dem alle Hunde ihr Bein heben wollen – aber nicht mehr dürfen. Sie werden brutal weggerissen. Die Hundehalter halten meinen Thonsalat für Giftköder.

Vielleicht patrouilliert jetzt deswegen die Polizei öfters am Dalmaziquai. Sie suchen einen Hundevergifter. Irgendwie verletzt mich das. Dabei ist des Stapis Leibspeise noch frisch – wenn auch nicht mehr ganz frisch. Für den Fall, dass der Baumgartner doch noch auf einen Happen vorbeischauen will, habe ich vorsorglich einige Dosen im Tiefkühlfach reserviert. Den großen Rest wird sich wohl der Fuchs holen.

Wohl oder übel werde ich die Wohnung für einen Besichtigungstermin freigeben müssen. »Besichtigungszeit von 18 bis 19 Uhr!«, schreie ich vom Balkon aus in die Menge. Darauf antwortet mir ein vielhundertstimmiges »Yeah«.

Die Wohnungsnot muss wirklich groß sein. Einzelne Wohnungssuchende versuchen mittels Klimmzug einen Blick in eine der unteren Wohnungen des Blocks zu werfen.

Einige mutmaßen per Handy mit ihren Lieben zu Hause, ob denn auch überall dieser Nadelfilz ausgelegt ist. Leider ja. Der Nadelfilz steht unter Denkmalschutz.

Punkt 18 Uhr reiße ich die Tür auf. »Bewerbungsformulare liegen auf dem Tisch – machts euch gemütlich!«, informiere ich per Megafon und verstecke mich hinterm Sofa. Dort ist schon vorsorglich meine Tochter mit dem Pfefferspray in Deckung gegangen. Danach ist es wie im Wildwestfilm mit John Wayne, wenn die Longhorn-Herde durchgeht. Wir müssen uns retten. »Hab keine Angst, Papa ist da«, kann ich das Kind noch beruhigen. Ich schnappe mir das Gör und hechte auf den Balkon – dort seilen wir uns mittels Fernsehkabel ab. Wie Sylvester Stallone in *Cliffhanger*.

Erst einige Stunden später, das Kind befindet sich in Sicherheit, wage ich die Rückkehr. Die Wohnung ist mittlerweile von den Solterpolterhausbesetzern okkupiert. Am Balkon hängt ein großes Transparent: »Kampf dem Filz«. Die Besetzer haben es sich gemütlich gemacht. Der Thonsalat scheint ihnen jedenfalls gemundet zu haben. Alles weg – ratzeputz! »Im Tiefkühlfach hats noch eine Dose!«, informiere ich übers Megafon und verlasse endgültig den Ort, an dem wir einmal zu Hause waren. Es wurde mir mit der Zeit sowieso zu lärmig. Zum Glück habe ich für mich und meine Lieben etwas Lauschiges gefunden. Eine Dreizimmerwohnung am Nordring.

Osterspaziergang mit Christbaum

Ostern hat an sich schon etwas Verstopftes. All die Sonnenhungrigen, die sich am Gotthardportal stauen. All die Schokoladehasen, die unsere nationale Verdauung für Tage stilllegen. All die handybewehrten Eiersucher, welche die Wege entlang der Aare blockieren. Die suchen ihre Eier wohl mit GPS. Am frühen Karfreitagmorgen wagte ich mich erst wieder in meine alte Wohnung. Ich wollte nur noch meinen Weihnachtsbaum holen. Solterspolters waren längst abgezogen. Die Liegenschaftsverwaltung hatte nicht mit sich reden lassen. Der Filz bleibt! Basta! Damit hatte sich die Hoffnung auf ein neues alternatives Kulturzentrum wieder einmal zerschlagen. Um nicht irgendwem begegnen zu müssen, schulterte ich meine Nordmanntanne und machte mich noch vor Morgengrauen auf die Socken – Richtung Nordring, wo mich noch nicht jeder kennt. Ein Taxi zu nehmen schien mir zu riskant. Irgendein Paparazzo könnte mich ja erkennen und die Fotos der Presse zukommen lassen. Das wäre mir echt peinlich. Atemlos, aber unerkannt erreichten wir den Bahnhof. Der ist zwar nicht schön, gefällt mir aber immer noch besser als die neue Curlinghalle auf der Allmend. Die sieht aus wie ein überdimensionierter Luftbefeuchter.

Wir hasteten über den Bahnhofsplatz, den alle so schlimm finden, weil sich dort unter der Woche der Verkehr staut. Das soll jetzt aber alles besser werden – man plant, den Platz zu überdachen. Als Zeichen für den Aufschwung. Aussehen soll das Ganze wie die neue BEA-Halle – nur ohne Seitenwände, damit man mehr sieht. »Reine Geldverschwendung!«, zischte mir die Tanne ins Ohr. Die sollen doch den alten Bahnhof fertig brauchen, solange er noch gut ist. Der Nadelfilz bleibt ja schließlich auch, weil er noch gut ist. Der Baum hatte recht! Unsereins spart sogar den Christbaum für nächstes Jahr, und die öffentliche Hand will den Berner Bahnhofsplatz überdachen.

Von wegen Aufschwung – im Moment sehe es eher nach Abschwung aus, meinte ein Kollege. Er war voriges Jahr, dank erfolgreicher Aktienspekulation, drei Monate lang Millionär, jetzt fährt er wieder Taxi. Dummerweise stand er am frühen Karfreitagmorgen mit seinem Taxi am Bollwerk, wo sich nachts alle Taxis stauen. Er erkannte mich sofort, als ich mit dem Weihnachtsbaum redend an ihm vorbeiging. »Was sprechen?«, fragte er mich verdutzt. Getreu dem Motto: »Gut gelogen ist besser als die halbe Wahrheit«, erklärte ich ihm, ich sei am Mobiltelefonieren, und beschleunigte meine Schritte, um weiteren peinlichen Fragen auszuweichen. Mitten auf der Lorrainebrücke bemerkte ich, dass er mir hinterherfuhr. Er hielt mich für *hälä* und wollte mir helfen. Schweren Herzens opferte ich die Tanne, um schneller wegzukommen. Sie schwimmt jetzt zu den Weihnachtsinseln.

Die Nordmanntanne lässt
mir keine Ruhe

Also doch! Ich wurde beobachtet, als ich in der letzten Karfreitagnacht meinen Weihnachtsbaum über die Brüstung der Lorrainebrücke warf. Kaum zu Hause, klingelte es auch schon. Es war Mehmet, der Taxifahrer und ehemalige Aktienmillionär.

»Warum du wegschmeißen«, fragte er vorwurfsvoll, »besser rauchen!« Wahrscheinlich dachte er, meine Nordmanntanne sei eine Hanfstaude. Statt zu den Weihnachtsinseln zu schwimmen, war der Baum im Altenberg-Quartier gelandet. Ich erklärte ihm, dass ich zwar seit dreißig Jahren kiffen würde, aber noch nie etwas gespürt hätte. Wahrscheinlich, weil ich nicht inhaliere – ähnlich wie Bill Clinton.

»Warum nicht machen Duftchüssi und verkaufen?«, bohrte er weiter. Da ich keine Lust hatte, ihm als Muselmanen unsere Weihnachtsgebräuche zu erklären, ließ ich ihn weiter im Glauben, mein Festbaum sei eine Haschpflanze.

Ich bedeutete ihm, dass mir der Handel mit Duftchüssi zu riskant sei, weil der THC-Gehalt der Pflanze zu hoch und damit illegal sei. Bei meiner Prominenz könne ich es mir nicht erlauben, als Drogenhändler enttarnt zu werden.

Ich schenkte ihm den vermeintlichen Hanfwedel. Strahlend und sich tausendmal bedankend, warf Mehmet das Nadelgehölz in den Kofferraum und sich selbst auf den Fahrersitz seines Taxis. Kaum sah ich ihn mit seinem Nissan, Baujahr 1982, um die Ecke rumpeln, packte mich auch schon das schlechte Gewissen. Ich fürchtete, man würde ihn verhaften und ausweisen.

Am folgenden Tag suchte ich ihn in der Altstadt. Dabei bin ich offenbar von einem Paparazzo in den *Drei Eidgenossen* gesichtet worden. So stand es jedenfalls in der Presse. Es könnte schlecht für meine Karriere als Lohnschreiberling sein, wenn im Verlagshaus am Nordring bekannt werden würde, dass ich einen tunesischen Taxifahrer zum illegalen Hanfhandel angestiftet habe.

Jetzt fürchte ich um meine Zukunft. Ich wär doch so gerne ein Gesellschaftskolumnist geworden. Es gibt so viele Leute, die froh sind, wenn sie in der Zeitung lesen können, an welcher rauschenden Party sie mit wem in der Vorwoche teilgenommen haben. Zum Beispiel mit Shawne Fielding. Außerdem kann man nachlesen, welches lokale Showtalent nächstens zum internationalen Karrieresprung ansetzen wird.

Da ich mit meinen Hasen immer noch das Emmental rauf und runter jodeln muss, habe ich mir überlegt, ob ich es nicht einmal an einem solchen Talentwettbewerb versuchen soll. Vielleicht müsste ich mir einen anderen Namen zulegen. *Endo Anaconda* tönt zu regional belastet.

Vielleicht sollte ich die geniale Agentur aufsuchen, welche die Marke *Swissair* so erfolgreich zu *SAir* globalisiert hat, oder Graubünden zu *b*. Dann hätte ich endlich auch ein weltmarkttaugliches Logo. Die *SAir* ließe sich heute zum Beispiel problemlos ohne Logowechsel nach Zaire verkaufen.

Während ich meine Chancen am globalen Markt überdachte, klingelte es schon wieder. Es war Mehmet. Er streckte mir ein Bündel Hunderternoten unter die Nase und wollte noch mehr Nordmanntannen. Die Leute seien völlig wild auf seine Duftchüssi. Ich sagte ihm, dass daraus wohl nichts werden würde – Nachschub sei erst an Weihnachten zu erwarten.

Der grüne Daumen

Pflanzen haben eine Seele. Das behauptete wenigstens Tante Mizzi. Sie hörte sogar das Geschrei des Rasens unter ihren Füßen. Zeitlebens zog sie die Gesellschaft der Pflanzen den Menschen vor und blieb daher ledig.

Sie war eine Frau von floraler Sensibilität, ausgestattet mit uraltem Geheimwissen über Wuchs, Schnitt und Düngung. Nie brachte sie es fertig, von ihrem eigenen Grünzeug zu essen – es hätte ihr das Herz gebrochen.

Die Früchte ihrer Arbeit verschenkte sie weinend an ihre Verwandtschaft. Mizzi selbst ernährte sich zeitlebens ausschließlich von Wiener Schnitzel. Nein, Mizzitant war keine dieser schwebenden Mondphasenmütter, eher eine echte Lady Di der Schrebergärten. Ohne je zu klagen, ließ sie sich von den Pferden der Nachbarschaft in ihre blaukarierte Küchenschürze pfunden. Die Rossbollen vergrub sie mit bloßen Händen in den Blumenrabatten und Gemüsebeeten. Dabei pfiff sie sanft »O du schöner Westerwald«, oder sie summte den Badenweiler Marsch. Das Gemüse dankte es mit gigantischem Wachstum. Mizzi hatte den grünsten Daumen. Sie züchtete die größten Gurken und monströse Kürbisse, die im Herbst die Nachbarskinder überrollten. Schädlinge hatten keine Chance – Mizzi schwor auf DDT. Nach getaner Gartenarbeit gönnte sie sich hin und wieder selber eine Linie dieses weißen Pulvers. Als *Kürbis-Mizzi* wurde sie zum Liebling der Tagespresse, zur nationalen Berühmtheit.

So wuchs und gedieh alles bestens, bis zu jenem Tag, als alles außer Kontrolle geriet. Ihren gigantischen Tomaten wuchsen plötzlich Brüste, Vulven und Penisse. Zwittertomaten, die Tante Mizzi verharmlosend »meine kleinen Pimperln« nannte. Die Hardcore-Paradeiser fingen an, Sex mit sich selbst zu haben, und vermehrten sich rasant. Mizzi kam nicht mehr nach mit Einmachen und Tiefgefrieren. Selbst die Badewanne war bald mit Tomaten gefüllt.

Das war zu viel für die gute Tante Mizzi. Die geilen Nachtschattengewächse hatten ihren Lebensmut gebrochen. Sie, die nie Sex mit Pflanzen hatte, ertrank in ihrer eigenen Napoli-Sauce. Man fand sie in der Badewanne. Kurz danach fackelte das Militär die Gartenparzelle ab. Heute steht ein 15-stöckiges Parkhaus dort, wo früher Mizzis Garten war.

Doch die liebe Tante ging nicht, ohne mir etwas zu vererben. Testamentarisch vermachte sie mir einen prächtigen Oleander. Der steht jetzt auf meinem Balkon und sieht aus wie der dritte Weltkrieg. Er hat das traurige Ende von Mizzitant seelisch noch immer nicht überwunden. Zuerst hatte er Blattläuse. Die erledigte ich mit Blattlausgift. Leider beeinträchtigte das aber den Wuchs. Also gab ich regelmäßig Wuxal, was zu einem gigantischen Wachstumsschub führte. Momentan hat der Oleander aber Spinnmilben, und ich bin ratlos, weil DDT ja leider nicht mehr erhältlich ist. So versuche ich es mit gut zureden. Täglich lese ich dem Strauch aus der Zeitung vor, oder ich summe ihm *Green, Green Grass of Home* vor.

Dem Hanf fährt das alles schlecht ein, er wird täglich weniger und hat sowieso seit Wochen kein Wasser mehr gesehen. Ich fühle mich wie ein Versager und bin der Chemie gegenüber viel kritischer geworden. Der Oleander fragt mich, ob man durch Xenical überall gleichmäßig abnimmt oder nur an gewissen Stellen. Ich verspreche, ihm eine Dose Viagra zu posten, zwecks Kompensation.

Der Gummibaum
des Julio Romero de Torres

Der Flieder blüht wieder, und die Leute verlieben sich. Verliebte sind deppert – das behaupten wenigstens anerkannte Hirnforscher. Muss wohl so sein – sonst gäbe es wahrscheinlich kein Menschengeschlecht. Was, außer temporäres Irresein, könnte normale Leute sonst dazu bewegen, ihren Hausrat zusammenzulegen? Bei den engen Wohnungen. Die meisten Menschen kämpfen ja schon mit dem eigenen unnützen Gerümpel, vor allem mit den ewig raumgreifenden Topfpflanzen.

Oftmals wird vergessen, dass mit einer geliebten Person nochmals 24 Kubikmeter Blattmasse mit einziehen. Der Wohnraum schrumpft und schrumpft, und eines Tages beschließt man, jetzt trotzdem nicht mehr zusammenwohnen zu wollen. Der, der zuerst auszieht, hat den strategischen Vorteil. Er ist weg. Dem Verbleibenden obliegt die Entscheidung über Leben oder Tod der Zimmerpflanzen. So erging es jedenfalls mir. Die pflanzlichen Scheidungsopfer litten zwar unter Milbenbefall, aber mein Gewissen verbot es mir, Kranke zu töten. So goss ich sie einfach selten bis nie. Sie gilbten einige Wochen langsam vor sich hin, um schließlich anlässlich eines lauen Durchzugs das allerletzte Blatt zu Boden rascheln zu lassen und endgültig zu verschrumpeln. Nicht dass mir das Spaß gemacht hätte, doch ich musste mich und meine Lieben vor einem eventuellen Befall durch resistente Milbenstämme schützen. Mir blutet das Herz, wenn ich daran denke, wie sich das sieche Grün im Angesicht des endgültigen Kompostes nur noch verzweifelter an mich klammerte. »Du hast dich doch gefreut«, raschelte verzweifelt die Zimmerlinde und verschwieg geflissentlich, dass die Milbenplage mit ihrem Einzug den Anfang genommen hatte.

Doch es gibt auch Zierpflanzen, die widerstandsfähig sind. Sie bleiben einem treu, obwohl sie selten gegossen werden. Ich besaß bis vor Kurzem einen Weihnachtsbaum, der trotz Frühling seine Nadeln nicht abwerfen wollte, und besitze immer noch einen adeligen Gummibaum. Er stammte in direkter Linie vom größten Gummibaum Europas ab. Dieser steht in Cadiz, ist mehrere hundert Jahre alt und hat einen Umfang von zwanzig Metern. Ein spanischer Pikanterienmaler, ein gewisser Julio Romero de Torres, schenkte einen Zweig des Baumes einer Señorita. Als Zeichen, dass er gerne Oralsex mit ihr gehabt hätte. Ob die Dame dem Drängen des Künstlers nachgegeben hat, ist nicht überliefert.

Den Zweig jedoch steckte sie in die Erde, und es wurde mein Gummibaum daraus. Der Baum und die Geschichte wurden an mich überliefert. Durch eine gute Freundin, die den Baum von einer nahen Verwandten erbte. Diese alte Tante war Kindermädchen bei einem Granden – dem Urenkel der damals von Torres umworbenen Dame. Ich gieße meinen Gummibaum nur einmal im Monat. Trotzdem ist sein Wachstum gigantisch. Welch ein Unterschied zwischen meiner Topfpflanze adeliger Herkunft und einem hundskommunen Industriegummibaum, den ich zukaufte, damit mein nobler grüner Freund nicht allein stehen musste. Der Micasa-Baum machte es nur zwei Monate.

Manchmal muss ich meinen Gummibaum mit der Machete zurechtstutzen. Er dankt es mir jedes Mal mit noch üppigerem Wuchs. Ich habe angefangen, seine Zweige zu verschenken, und mir dadurch viele Feinde gemacht. Leider verfügen auch die Abkömmlinge meiner Monsterpflanze über das gleiche Wachstumspotenzial. Ein von mir mit einem Steckling beschenkter Freund war zwei Wochen im Gummibaumdickicht seiner Sechszimmerwohnung vermisst. Eine Suchexpedition musste ihn schließlich raushauen. Gestern war Mehmet zu Besuch. Als er meinen Gummibusch sah, machte er große Augen. »Koka?«, fragte er ungläubig. Ich nickte bedeutungsvoll mit der Gewissheit, für meine letzte Zimmerpflanze einen guten Pflegeplatz gefunden zu haben.

Unverstanden im
Land der Mozartkugerln

Ich war schon dreimal in Salzburg und fühlte mich jedes Mal unverstanden. Schon mein erster Aufenthalt führte zu Blessuren. Das war beim Salzburgbesuch von US-Präsident Richard Nixon. Ich besetzte, zusammen mit ein paar tausend anderen Vietnamkriegsgegnern, die Landebahn des Flughafens und trug dabei ein Transparent mit der Aufschrift: »Nixon geh wixon«. Die Polizei verstand den Witz nicht – wir wurden vom Flughafengelände gewatscht. Dabei verlor ich einen Schuh, meine Geldbörse und die Rückfahrkarte nach Hause. Salzburg war für mich gestorben.

Als wir vor sechs Jahren als Schweizer Preisträger des begehrten Kabarettpreises Salzburger Stier ausgewählt wurden, begrub ich meine Vorurteile bezüglich des Salzburger Humors. Ich betrat den roten Teppich vom Hotel Plaza – einem 5-Sterne-Luxusspesenverdampfer, wo man sogar noch auf dem WC von Gheorghe Zamfirs Panflöte verfolgt wurde. Unser Konzert wurde ein Fiasko, obwohl ich alle Texte auf Hochdeutsch übersetzte. Ich meinte den Hass des Publikums förmlich spüren zu können. Das Publikum bestand hauptsächlich aus Radioleuten, Tontechnikern, Journalisten und einigen Spesenrittern. Ich wollte auf der Stelle sterben.

Es sei eben hart hier, erklärte man mir später. Das Salzburger Publikum boykottiere diesen Anlass. Es gebe zwar sprachliche Verständigungsschwierigkeiten, aber wenigstens Geld und einen wunderschönen Stier aus Bronze. Trotzdem fand ich, zweimal Salzburg sei genug. Es sollte nicht so kommen.

Anlässlich des 20-Jahr-Jubiläums des Salzburger Stiers hatten wir die Ehre, die Trophäe – mittlerweile eine IKEA-Version aus Sperrholz – an Ursus und Nadeschkin überreichen zu dürfen.

Das Radio war auch wieder dabei. Diesmal sei alles anders, erklärte mir ein Radiomensch: Es kämen »Leute«. Nicht so wie am Vorabend, als die deutschen Preisträger dran waren. Da sei das Salzburger Publikum zu Hause geblieben. Wahrscheinlich, weil sie Mühe mit der Verständlichkeit haben. Die können nur Salzburgerisch. Wolferl, Nockerl, Stanzerl, Mozartkugerl etc. – mit Deutsch haben die Mühe. Aus Gründen der Verständlichkeit und angesichts der zahlreich erschienenen Japaner beschloss ich, diesmal auf die Übersetzung ins Hochdeutsche zu verzichten.

Berndeutsch schien mir dem Japanischen näher als Hochdeutsch. Sumo tönt wie Kuno, und vielleicht heißt ja auch Ogi irgendetwas auf Japanisch. Wir wurden wieder nicht verstanden. Die japanische Reisegruppe verließ nach fünf Minuten geschlossen unser Konzert. Vielleicht fühlten sie sich von meinem japanisch klingenden Namen angezogen und erwarteten heimische Kost.

Der kulturelle Bedarf Salzburgs scheint mit den Mozartkugeln und den jährlich stattfindenden Salzburger Fettspielen (sic!) gedeckt. Dabei ist Mozart in Wien gestorben und nicht in Salzburg. Ich möchte lieber in Salzburg sterben – da würde es mir wenigstens nicht so schwer fallen. Aber eines habe ich mittlerweile gelernt: Sag niemals nie. Nächstes Jahr wollen sie das WEF in Salzburg abhalten. Vielleicht gehe ich auch hin. Es werden sicher Leute kommen, und meine letzte Flughafenbesetzung ist auch schon ewig her.

Floristische Kampfstoffe

Über meine militärische Karriere gibt es nicht viel zu erzählen. Sie endete bereits am Tag meiner Aushebung unter infernalischem Gelächter der Aushebungskommission, als ich mich mit quietschenden Oberschenkeln an der Kletterstange millimeterweise hochkämpfen musste. Die anderen Rekruten schaufelten bereits den obligatorischen Hörnlisalat, während ich noch immer an der Stange hing. Zu dick! Trotzdem dankte ich meinem Schöpfer für meine Fülle. Hauptsache nicht Füsilier. Zivildienst gabs damals ja noch nicht – nur Füsle oder hälä. Bei mir entschieden sie sich für zu dick und hälä. Seitdem mache ich es mehr mit Worten.

Nie hätte ich gedacht, dass ich dereinst durch die Pflege eines riesenwüchsigen alten Gummibaums einen Beitrag zum Weltfrieden leisten würde. Obwohl selber keine Kriegsgurgel, begreife ich den Wunsch unserer Soldaten, ihr Sturmgewehr bei riskanten Auslandseinsätzen mitnehmen zu dürfen – der Abschreckungseffekt unserer Armeesackmesser ist doch eher putzig. Ich war ja vor drei Wochen auch auf unbewaffnetem Auslandseinsatz – in Salzburg. Dort gibt es viele Hendln. Paprikahendl, Brathendl, Grillhendl – um nur einige zu nennen. Die Hendln sind gefährlich, weil BSE jetzt auch noch auf Hühner übertragbar sein soll. Die gefährlichsten Hendln aber sind das Backhendl und das Wienerwald-Hendl. Ihr Fettgehalt wirkt mannstoppend. So gesehen verstehe ich Blocher, welcher Niklaus von der Flüe zitierend meint, dass wir Schweizer den Zaun nicht zu weit machen und uns vor fremden Händeln fernhalten sollten.

Zum Glück bin ich heil aus Salzburg zurückgekommen. Jetzt genieße ich die Aussicht vom Putzbalkon der neuen Wohnung und rauche. Der Balkon zum Hof ist wegen Pollenflug für mich zur Zeit leider nicht zu gebrauchen, da ich Allergiker bin. Mit verklebten Augen starre ich vom kleinen Küchenbalkon aus abwechslungsweise auf den Nordring oder auf das gegenüberliegende Verwaltungsgebäude in Hellgrau mit seinen 199 Fenstern. Die Fenster sind umrahmt von schmucken stahlgrauen Dekorelementen. Die Farbe der 199 Büroeinrichtungen entspricht der Außenfarbe des Gebäudes – wahrscheinlich eine Tarnung für den Ernstfall. Es muss sich wohl um ein Verwaltungsgebäude des Militärdepartements handeln. Aber sogar diese Aussicht scheint mir immer noch besser als Salzburg. Ohne Euphorie suche ich die öde Fassade immer wieder nach irgendetwas Interessantem ab und finde nichts. Bis ich gestern im dritten Stock, im achten Fenster von links, eine brisante Entdeckung machte. Man scheint insgeheim mit neuartigen floristischen Kampfstoffen zu experimentieren, für den Fall, dass unsere Hilfstruppen ihre Schießprügel in Zukunft doch noch daheim im Besenschaft lassen müssen.

Ein gigantischer Ableger meiner ehemaligen Zimmerpflanze hat sich bereits eines ganzen Büros bemächtigt und stemmt sich nun mit aller Verzweiflung gegen die Dreifachverglasung des geheimen Versuchslabors. Die Lorraine hat wieder einmal keine Ahnung, in welcher Gefahr sie sich befindet. Diese Offensivzimmerpflanze ist in der Lage, ganze Kriegsgebiete buchstäblich zuzuwuchern, sodass eine Weiterführung der Kampfhandlungen erst nach vorheriger Rodung des Geländes mit Agent Orange wieder möglich ist. Außerdem kann man aus dem Saft des Gummibaums jede Menge Gummigeschosse herstellen, welche dann wieder bei bewaffneten Inlandseinsätzen verwendet werden könnten. So ist der Gummibaum des Julio Romero de Torres vom Symbol der Liebe zur Waffe des Friedens geworden, und wir können unsere jungen Soldaten guten Gewissens, bewaffnet mit einigen Gummibäumen, nach Ruanda schicken. Gott sei Dank, sonst müsste am Ende noch die Schweizergarde aushelfen.

Trotzdem habe ich Angst und starre mit der Motorsäge in der Hand auf das Fenster mit der gefährlichen Kampfstaude. Aber es passiert nichts – nicht einmal fremde Hendl. Nur im Tiefkühlfach liegt noch eine Bio-Henne aus dem Coop Ostermundigen.

Katzen würden teurer kommen

Wann kommt endlich die Sonne?«, klagte jüngst eine Bekannte, die vor nicht allzu langer Zeit nach Südfrankreich *leben* ging. Jetzt ist sie wieder zurück und verkauft Aktionsraclettekäse im Coop Ostermundigen. Sie hatte sich den Süden größer vorgestellt. Das mit dem *Leben* ist ähnlich wie das mit dem Snowboarden. Entweder man kann es, oder man kann es nicht. Wenn man es nicht kann, kann man sich Mürren sparen – man bricht sich eh nur die Haxe und wäre besser ins Alpamare gegangen. Nachdem der Plan meiner Bekannten, im Süden zu *leben,* gescheitert ist – man hatte ihr zweimal das Auto gestohlen und die Ferienwohnung ausgeräumt –, vermisst sie nun die südliche Sonne, ist frustriert und sprayt »Yvonne braucht Sonne« oder »Lena haut ab« (wahrscheinlich Raclettekäse) und lauscht den Klängen Göläs und Peter Rebers.

Von mir aus dürfte es bis in den Herbst durchregnen – die Sonne müsste gar nicht erst kommen, denn mit ihr kommen die Ameisen. Von denen tummeln sich zurzeit Millionen in meinem neuen Zuhause. Ich bemerkte sie erst nach einer Woche, als ich zu Mitternacht durstig in die Küche tapste, um einen Liter kalte Bio-Wollmilch in mich hineinzuschütten. Es sah aus wie ein Luftbild von Ostern am Gotthard. Ein regelrechter Ameisenstau. Sie transportierten alles ab, was noch nicht einmal ausgepackt war. Ich beschloss, das Kind nicht zu wecken und am nächsten Tag mit grobem Geschütz aufzufahren. »Papa, Ameisendemo!«, tönte es plötzlich aus dem Kinderzimmer. »Pass auf, die beißen«, ließ ich warnend vernehmen. Mit der Kuchenspachtel zerdrückte ich ein gutes Dutzend von ihnen – das brachte sie aus dem Konzept. Ein paar Hundert von ihnen stellten ihre Aktivität ein und scharten sich völlig entgeistert um ihre zerquetschten Artgenossen.

Es erinnerte mich an das Begräbnis von J. F. Kennedy – vom Helikopter aus betrachtet. Das rührte mich. Trotzdem legte ich meine Giftfallen aus, welche folgendermaßen funktionieren: Die Insekten schleppen das Gift in ihre Nester und sorgen so nach drei Wochen für den kollektiven Abgang der ganzen Population. Neugierig, wie ich bin, schaute ich in der folgenden Nacht mit der Taschenlampe, ob es schon Tote gegeben hatte. Aber es waren immer noch gleich viele. »Papa, Technoparty«, schallte es aus dem Kinderzimmer – und tatsächlich, es sah aus wie die Love Parade von oben. Es waren alle gut drauf. Das Gift schien wie Ecstasy zu wirken.

Das ging eine ganze Woche so weiter, bis die Dosen leer waren. Dann wurden die Ameisen ruhiger – aber nicht weniger. Nun sind eineinhalb Monate vergangen, und sie schleppen immer noch irgendwelches Zeugs aus meiner Küche quer durch die Wohnung. Wasweißichwohin. Jetzt versuchen wir sie zu akzeptieren. Ameisen sind wenigstens keine Ganzjahreshaustiere – irgendwann einmal fliegen sie von selber aus. Katzen sind da ganz anders. Die fressen zwar auch alles auf. Nur sind Katzen viel größer und fressen auch im Winter. Die Katze einer Freundin ist darob so dick geworden, dass sie im Katzentööri stecken geblieben ist und die Feuerwehr kommen musste. Katzen kommen teurer, denke ich mir und lege noch ein paar Dosen Gift hin, um mein Ameisenvölkchen bei Laune zu halten.

Speckrolle vorwärts

Träge liegt der See. Träge liege ich. Der Liegestuhl knarrt vorwurfsvoll. Das ultraviolette Bombardement schwächt sich ab. Die Farben werden satter, die Schatten länger. Am Murtensee pfeffert man schon die Schweinshälse. Flockig schuppt sich der Sonnenbrand im Genick.

Jetzt packt mich wieder diese unheimliche Sehnsucht nach dem Süden. Dort tragen die Männer meines Alters stolz ihre Bäuche. Sie ernähren sich von Olivenöl und Knoblauch und trinken Wein in den Hafenspelunken. Abends führen sie raue Reden. Kein vernünftiger Mensch setzt sich dort freiwillig der Sonne aus, Blässe gilt als nobel.

Der Mythos des Südens entstand in der Antike, als man im Norden noch in den Bäumen lebte und Eicheln fraß.

In Griechenland kannte man schon die Olympiade, in Rom gabs Brot und Spiele.

Der Nordländer hingegen hat wenig Veranlagung zum Athleten. Schon in grauer Vorzeit hat er sich in kurzen verregneten Sommern ein Fettdepot angefressen, weil er in den kalten langen Wintern sein Auto vom Schnee freischaufeln musste. Der nordische Schmerbauch ist daher genetisch bedingt. Mein ehemaliger Sport- und Geschichtslehrer Glanschnigg aus Klagenfurt (Österreich) war da immer schon anderer Meinung. Er liebte die großen Nackten der Antike mit ihren Miniaturschwänzen. Er war ein weltkriegserfahrener Wehrsportler und nötigte mich wöchentlich vor der ganzen Klasse zur Speckrolle vorwärts. So nannten sie mich in der Schule den Koloss von Rhodos.

Das frustrierte mich dermaßen, dass ich nach Katmandu Haschisch rauchen ging. Dort begegnete mir Buddha. Er lächelte und war feist. Seitdem gehts mir besser. Andere Träger nordischer Erbmasse haben ihren stählernen Willen zur körperlichen Ertüchtigung noch nicht verloren. Sie fahren mit ihren Inlineskates unschuldige Pykniker über den Haufen.

Man erkennt die Wehrsportler zwar von Weitem, weil sie aussehen wie Isostarbüchsen – dennoch sind sie in der Dämmerung eine Gefahr. Ich hasse sie mit sizilianischer Leidenschaft.

Während ich mit Panamahut und Ray-Ban-Brille im Geiste die Lupara durchlade, macht Venus vom Dreimeterbrett den Hechtsprung. Sie sieht aus wie ein Delfin aus Knossos und winkt mir lachend. Ich reiße mir den Strohhut vom Schädel, zwänge mich aus dem Heinecken-T-Shirt, tänzle wie ein Satyr zum Sprungbrett. Der Koloss von Rhodos macht 'ne Arschbombe – da bleibt kein Auge trocken. Hab vergessen, die Ray-Ban von der Nase zu nehmen – ich muss mir wohl eine neue kaufen.

Schlafende Kinder sollte
man nicht wecken

Die Beamten gegenüber gießen ihre Gummibäume. Es ist bald Mittag, und ich trinke immer noch Kaffee. Der Kleine schläft friedlich. Schuldgefühle plagen mich. Mein öffentliches Geschimpfe über Tattoos und Piercings sei polemisch. Tattooträger sind auch Menschen. Was, wenn sich dereinst auch meine Kinder tätowieren lassen wollen? Das Schlimmste an der Jugend ist ja, wie Salvador Dalí so treffend bemerkte, dass man selber nicht mehr dazugehört.

Die heutige Jugend liebt eben Tattoos – dafür haben sie keine langen Haare. Ein Maorimuster auf der Wampe würde mich auch nicht jünger machen – obwohl ich in meiner Jugend Maoist war. Auch ein Elefäntchen am Knöchel muss nicht unbedingt sein, denke ich mir, während sich die nächste Tasse siedendes Koffein ihren Weg durch meine Speiseröhre brennt.

Es ist kaum Mittag, und bereits stützt das Teer einer halben Schachtel Parisienne die Innenwände meiner Bronchien. Draußen prasselt der Regen auf die Autodächer. In den Büros gegenüber ist niemand mehr zu sehen. Sie sitzen wahrscheinlich alle schon vor ihrem Fitnessteller.

Den leeren Zweckbau könnte man mit etwas Fantasie genauso gut für eine Transplantationsklinik halten. Eventuell brauche ich einmal eine Spenderlunge, wenn ich so weiterqualme. Ich sollte zum Rauchen etwas essen, das wäre gesünder. Aber wie soll ich zum Rauchen etwas essen, wenn die Zigaretten alle sind. Nicht einmal im Mistsack ist ein Stummel zu finden – zuoberst liegen vier gebrauchte Windeln.

Also esse ich etwas. Ein paar Brocken Panettone kratzen auf dem Weg in mein Innerstes, den Rest werden sich Ameisen holen. Ich könnte ja zum nächsten Zigiautomaten gehen und dabei etwas frische Luft schnappen, doch ich will den Kleinen nicht wecken. So kann ich nur abwarten.

Schlafende Kinder sollte man nie wecken. Ich beschließe, die rauchfreie Zeit bewusst zu gestalten, und setze mich im Yogasitz aufs Ledersofa. Doch bald fängt mein rechtes Bein an zu nadeln. Eingeschlafen. Erste Anzeichen eines Raucherbeins?

Besorgt nestle ich nach der Handynummer meiner Hausärztin, die zurzeit ferienhalber durchs Amazonasgebiet paddelt. Sie beruhigt mich. Ich würde zwar unter Reizhusten, Übergewicht und einer momentanen depressiven Verstimmung infolge Nikotinentzugs leiden und sei ein Hypochonder – mit meinem Ableben sei im Moment aber nicht zu rechnen. Die Hypochondrie sei zwar unheilbar, aber wenigstens nicht tödlich.

So versuche ich es mit Zwerchfellatmung, bis mich ein heftiges Seitenstechen befällt. Wie eine Nordmanntanne im Advent stürze ich aufs Sofa. Am Sofatisch liegt ein Zettel mit der Nummer von Mehmet dem Taxifahrer. Röchelnd schildere ich ihm mein Problem. Fünfzehn Minuten später klingelt es an der Tür, und der Kleine wird wach. Es ist Mehmet. Er hat eine Stange Parisienne mitgebracht.

Mit Zuchtlachs, aber ohne Feuerwerk

Ich habe ja nichts gegen Bundesfeiern. Dieses Jahr wollte ich sogar mitmachen, aber es wurde wieder nichts draus. Geplant war eine kleine Feier auf dem Balkon. Mit Lampions und meinem zehnteiligen High-Fly-Raketensortiment. Dieses hat nun schon den zweiten Abschusstermin verpasst und wird allmählich zum Sicherheitsrisiko. Ich plante dazu Lachsbrötli als Festmenü – aber das Coop machte schon zu, als ich um 16 Uhr meinen Blechtrottel in der Tiefgarage parkierte. Heute sei Samstag, weil morgen Sonntag sei, erklärte man mir allen Ernstes. Und samstags sei um 16 Uhr zu. Dabei war es Dienstag, 31. Juli.

Verstört jagte ich meinen Boliden Richtung Hauptbahnhof. Dort hat immer etwas offen. Vor dem Bahnhofs-Coop warteten bereits Hunderte andere, die auch nicht geglaubt haben, dass dieses Jahr der Samstag am Dienstag durchgeführt werden würde. Ich erbeutete zwei Beutel müden Salats und eine unreife Melone. Getröstet vom Gefühl, mehr Kalorien verbraucht als eingekauft zu haben, kam ich endlich an die Kasse. Bedauerlicherweise war es unmöglich, mit der Karte zu zahlen. Außerdem hatte ich kein Bargeld bei mir. Zu Hause vergessen. Ich deponierte den Kompost an der Kasse und hechtete zum Bancomaten. Auch dort Schlangen von Wartenden. Alles Leute, die den Salat mit Karte bezahlen wollten. Ich gab endgültig auf und erstand mit meiner Postcard am Kiosk eine Stange Zigaretten und ein paar Büchsen Bébéfutter in der Bahnhofsapotheke. Ich beschloss, zur Feier des Tages zu fasten. Wir ignorierten die diesjährige

Bundesfeier – trotzdem wurde es ein schöner Abend. Mehmet, mein taxifahrender Kumpel, brachte einige Pizzas und eine Flasche Chianti vorbei, und wir gingen früh ins Bett.

Nur mein Feuerwerk macht mir Sorgen. Jetzt muss ich den brisanten Feuerzauber noch ein Jahr länger lagern. Das bereitet mir sicher ein Jahr lang schlaflose Nächte. Ich habe mir auch schon überlegt, ob es nicht das Beste wäre, den ganzen Krempel im Thunersee zu versenken. Dort wären meine Festraketen wenigstens nicht so allein, weil da schon der halbe kalte Krieg herumliegt, nachdem das Militär dort seine überflüssigen Munitionsreserven ins Wasser geworfen hat. Den Felchen wachsen deswegen schon Zitzen – sie mutieren zu Säugetieren. Deswegen wollte ich auch Lachsbrötli und nicht Felchenfilets. Den roten Zuchtlachs kann man mit etwas Mayo pfiffig dekorieren. Das sieht dann aus wie eine Schweizer Fahne.

Windeln im Weltall

Um diese Zeilen überhaupt aufs Papier bringen zu können, musste ich erst abstauben, abwaschen und bohnern. Vor allem aber musste ich alle überflüssigen Gegenstände aus meiner Wohnung entfernen. Sonst wäre mir überhaupt nichts eingefallen. Mich, der ich sonst tagelang stoisch im schlimmsten Schutthaufen vor mich hin dösen kann, stört es normalerweise nicht, dass die Wohnung aussieht, als wäre gerade Mike Tyson zu Besuch gewesen. Nur unter Schreibstau werde ich zum analfixierten Putzteufel. Doch diesmal nützte auch der Putzfimmel nichts – weit und breit keine Idee.

Wutentbrannt lenkte ich meinen Grimm auf all die Dinge, die mich seit Längerem nervten. Als Erstes stach mir mein vom 1. August übrig gebliebenes zehnteiliges High-Fly-Raketensortiment in die Augen. Weiter machte ich im Tiefkühlfach ein halbes Kilo Felchenfilets aus sowie eine überalterte Bio-Henne. Am liebsten wollte ich das alles zum Mond schießen. Die kleinste Rakete aus dem 1.-August-Sortiment feuerte ich versuchsweise vom Küchenbalkon ab. Giftig zischte sie los, auf den Knall jedoch wartete ich vergeblich. Sie traf einen Satelliten. Das führte zu einem zwölfstündigen Handyausfall und zu einem 30-Millionen-Schaden für die Swisscom. Warum die ungeahnte Schubkraft nicht nutzen, fragte ich mich und schickte das nächste Geschoss ins All, nachdem ich die gefrorenen Felchenfilets mit Isolierband am Raketenschaft befestigt hatte. Die fliegen nun Richtung Sternbild der Fische, bis sie von irgendwelchen NASA-Fritzen gefunden werden, die dann behaupten, sie hätten Reste einer primitiven Form von außerirdischem Leben entdeckt.

Die dritte Rakete befreite mich fauchend von meiner Steuerrechnung. Danach katapultierte ich noch zu Ehren des russischen Kosmonauten Juri Gagarin eine gebrauchte Windel aus dem Mistsack in die Umlaufbahn. Sie hatte mir seit Tagen meine Notkippen verstunken. Danach folgten eine Büchse Ameisengift, eine CD von Reinhard Fendrich, eine überzogene Postcard sowie ein Katzenposter von Rosina Wachtmeister. Seit ich es blöderweise vor fünf Jahren kurz neben dem Katzenklo aufgehängt hatte, ist mein Stubentiger verschollen. Mit dem neunten Patriotengeschoss verschwand das Handy meiner Freundin rauchend im Orbit. Jetzt können uns die Außerirdischen eine SMS schicken, ob es sie wirklich gibt oder nicht.

Als Letztes wollte ich die steinhart gefrorene Bio-Henne in den Weiten des Weltraums verschwinden lassen. Doch leider gab es einen Fehlstart, und die Rakete explodierte am Boden. Die Wucht der Detonation riss mir die Parisienne aus dem Mundwinkel und schleuderte die Gefrierhenne quer über die Straße ans benachbarte Verwaltungsgebäude. Dort steckt der eiskalte Vogel jetzt schon seit zwei Tagen provokant in der Fassade. Aus Angst, für dieses Attentat belangt zu werden, öffne ich seither die Rollläden nicht mehr und gehe nur noch nachts raus. Außerdem leide ich unter Schreibstau. Da kann einem ja nichts Gescheites einfallen.

Zwetschgenkuchen statt Hackbraten

Zwei Tage vor den Herbstferien.

Die Kinder sind lästig wie die Wespen.

Geschockt klebe ich vor dem Fernseher. CNN.

Zum x-ten Mal begraben die einstürzenden babylonischen Neubauten Tausende Menschen. Oben im Bild in Rot die Opferzahlen, unten in Blau die laufenden Börsenberichte.

Die schwarze Staubwolke kriecht durch Manhattan und durch meine Seele. Ich finde den Knopf zum Abstellen nicht. Dafür Rebellion im Kinderzimmer. Nach einer Woche Terror wollen sie endlich wieder Kinderkanal schauen.

Hinterlistig frage ich, ob sie die Hausaufgaben schon gemacht haben. Eigentor. Heute keine Hausaufgaben.

Derweil kracht zum 20. Mal der Jet ins WTC.

Dabei wollte ich doch eine Ferienkolumne schreiben.

Trotz des klammen Grauens kommen mir die ungeheuerlichen Szenen aus New York seltsam bekannt vor. Wahrscheinlich aus irgendeinem der blöden »Du schaffst es«-Ami-Katastrophenthriller, von denen man spätnachts verfolgt wird, nur unterbrochen von den Spots mit den nackten Weibern, die immer wollen, dass man anruft (als ob das etwas nützen würde).

Weltweit und überall. Im Best Western-Hotel genauso wie im benachbarten Flüchtlingslager.

Vielleicht werden wir wenigstens in der nächsten Zeit aus Pietätsgründen von Arnold Schwarzenegger verschont, denn tragischerweise hat mittlerweile die Realität jedes noch so abartige Hollywood-Drehbuch übertroffen. Das wäre schon einen Schritt in eine bessere Welt, in der man sich auf seine Arbeit konzentrieren könnte.

Es will mir nicht gelingen, beim Thema zu bleiben. Verkniffen erklärt derweil Billy the Kid seinen neuen Krieg gegen *das Böse.* Als ob Amerika nur *das Gute* verkörpern würden. Ich hoffe, sie finden die Mörder, bevor unser Planet endgültig unbewohnbar gemacht wird. Wenn man für den Massenmord in Manhattan den Islam als Ganzes verantwortlich machen will – dann könnte man genauso gut für das Attentat von Oklahoma die katholische Jungschar auf dem elektrischen Stuhl braten.

Die Proteste aus dem Kinderzimmer werden derweil immer lauter. Sie wollen jetzt endlich Kinderkanal oder wenigstens MTV. Fies frage ich, ob das Kinderzimmer schon aufgeräumt ist – und es kommt, wie es kommen musste: Sie kontern mit der Frage nach dem Abendessen. Ich befehle, sie sollen zuerst die Hände waschen und die Spielsachen packen, die sie nach Sardinien mitnehmen wollen. »Haben wir schon gestern eingepackt«, schallt es zurück.

Ich kapituliere, überlasse den Nervensägen die Fernbedienung und schlurfe in die Küche, um den Teig für den Zwetschgenkuchen auszuwallen. Die lieben Kleinen haben sich für MTV entschieden, wo gerade Eminem aus der Röhre schreit.

Eigentlich wollte ich Hackbraten machen, habe mich dann aber doch für Zwetschgenkuchen entschieden. Ich kann den Anblick von rohem Fleisch nicht ertragen.

Wo Rauch ist, muss auch Feuer sein

Im Moment versuche ich, das Rauchen einzudämmen – dem Herzen zuliebe. Außerdem veranschaulichte mir meine Ärztin anhand einer farbigen Tafel, wie es etwa in meinen Bronchien aussieht: wie in der Gotthardröhre.

Der Balkon ist mir verleidet, weil die Opelfahrer von gegenüber bemerkt haben, dass ich sie beobachte, wenn sie ihre Göppel auf meinem Parkplatz im Parkverbot endlagern. Seither versuche ich in der Küche weniger zu rauchen und lasse den Dampfabzug Tag und Nacht laufen. Trotzdem riecht es wie nach einem Feuerwerk. Dank des Dunstabzuges ist die Luft in der Küche jetzt zwar besser als auf dem Balkon – aber der Lärm ist infernalisch. Adi, unser Tontechniker, hat 120 Dezibel gemessen – mehr als bei einem Züri-West-Konzert. Das enerviert mich, sodass ich sogar schon abgenommen habe – aber leider nur das Telefon. Es war das Pro-UNO-Komitee. Sie verzichteten auf unser Konzert, weil sie lieber etwas für die Jungen hätten. Polo Hofer, Natacha oder so. Nach dem Telefonat fühlte ich mich uralt und schleppte mich Richtung Bierhübeli, um dort Gleichaltrige zu treffen.

Dort wartete ich mit 999 anderen auf den Auftritt von Züri West. Die Luft war zum Schneiden. Das störte mich vor allem zwischen den Zigaretten, von denen ich mir während des Gigs 26 in die Lungen nagelte.

Ungefähr gleich viele Stücke spielte auch die Band, *I schänke dir mis Härz* inklusive. Zwar hatte ich einen Sitzplatz auf der VIP-Tribüne, jedoch finde ich Sitzplätze unappetitlich, wenn alle Leute außer mir rundherum stehen. Es könnte einem ja jemand ins Genick furzen …

Kuno entschuldigte sich für seine Stimme, weil er krank war. Für mich tönte sie wie immer. Dafür klang mein Organ nach dem Konzert wie das Laueners. In Maryland hätten wir für unsere Qualmerei alle lebenslänglich, dachte ich mir auf dem Weg nach Hause, wo immer noch der Dunstabzug ratterte. Mit der guten Luft kam der Hunger und zauberte mir etwas Leckeres: ein Stück gestorbenes Bio-Rind, welches seit Tagen bei mir im Frigo seiner Kremierung entgegendämmerte.

Ich goss Öl in die heiße Pfanne, warf das Fleisch hinterher und deckte das Ganze mit einem Papierspritzschutz zu. Als ich vom Balkon zurückkam, stand das Filet in hellen Flammen. Geistesgegenwärtig schleuderte ich den lodernden Pfanneninhalt in Richtung des industriell-militärischen Komplexes gegenüber, und bald tauchte mein brennendes Abendessen die ganze Gasse in ein gespenstisches Licht.

Mit offenem Mund verfolgte ein geschockter später Bürolist hinter der Dreifachverglasung seines Bürofensters das Geschehen und ließ schnell den Rollladen herunterfahren. »Es ist ein Stroganoff und kein Molotow!«, brüllte ich ihm zu, »ich bin Schweizer!« Doch er antwortete nicht. Verunsichert schloss ich die Balkontüre hinter mir.

Wie alle Jahre wieder …

Nach einer Stunde Survival bei Franz Carl Weber stand ich
mit Blessuren, aber ohne Geschenke wieder auf der Gasse.
Es ist ein Fest für Arschlöcher, resümierte ich und entschloss
mich zu alternativen Weihnachten. Es gibt nur noch Selbst-
gebackenes und Gebasteltes, dachte ich mir, kurz bevor
ich daran war, eine Prügelei anzuzetteln. Mindmäßig vom
Kaufzwang befreit und nach einigen Grappas bei *Adrianos*
kam dann tatsächlich Feststimmung auf. Der Schmuck, der
Friede, die Beleuchtung – einfach märchenhaft!

O Tannenbaum brummend und von himmlischer Ge-
rührtheit und beißender Kälte geschüttelt, bestieg ich das
Senkeltram. »Einmal Hölle retour«, scherzte ich mit dem Piloten. Dorthin müsse ich den Schnellzug nehmen, entgegnete er. Sein Lift ginge nur in die Badgasse. So plauderten
wir, bis es mich dünkte, dass wir schon lange hätten angekommen sein sollen. Draußen war es indessen finstere
Nacht – während unser Lift noch immer abwärts sauste.
Als der gute Mann meine Skepsis bemerkte, erklärte er, dass
die Hydraulik eingefroren sei und wir deshalb bis zur Hölle
durchfahren müssten, um die Türen wieder aufzutauen.
Deswegen die Verspätung.

Unten angekommen, staunte ich nicht schlecht: In der
Hölle ist alles genau gleich wie bei uns. Nur etwas wärmer.
Ich nutzte die unfreiwillige Pause zu einem kleinen Rund-
gang. Auch im Reich der Finsternis wütete der Weihnachts-
verkauf, auch hier prügelten sich die Verdammten um den
Ramsch – nur gänzlich ohne Freude. Die Menschen starr-

ten dumpf aus den Trams – nirgends herrschte mehr Freude. Gedämpft schleppten die Höllenbewohner ihren Zuchtlachs nach Hause, um ihn dort ohne Appetit in sich hineinzustopfen. Im Kampf an der Kasse rammten sich zwar auch hier die Gerontos wie im Coop Ostermundigen die Einkaufswagen in die Achillessehnen, nur mochte sich der Triumph nicht einstellen.

Trotz *Jingle Bell* vermochte der Schinken von Bell die Stimmung nicht zu erhellen. Auch am Handwerkermärit ging es düster zu. In den Büros droschen die Beamten unmotiviert auf ihre Tastaturen ein, selbst die gute Laune aus dem Radio wirkte gekünstelt.

Nach einigen Grappas, die ich mir bei *Adrianos* höllischem Doppelgänger lustlos über den Knorpel brausen ließ, packte mich das blanke Entsetzen. Wie ein Irrer rannte ich zum Senkeltram, um den Fahrstuhl ins wirkliche Leben nicht zu verpassen.

Zurück in der weihnachtlichen Matte realisierte ich, dass das einzig Wichtige im Leben die Freude ist.

Zum Glück hatte ich die Festdekoration schon Tage vorher organisiert. Bleibt nur noch die Frage nach dem Festmenü. Ich entschloss mich zur Abwechslung für Bratpoulet. Wie alle Jahre wieder.

2002

Ein schlechtes Jahr für die Schweizer Luftfahrt. Die Swissair hatte aufgehört abzuheben. Dafür brachte uns Simon Ammann zwei Mal Gold von der Winterolympiade in Calgary nach Hause. Der sah mit seinem zu großen silbernen Thermomantel aus wie aus *Star Wars*. In Ost-und Mitteleuropa hieß es hingegen »Land unter«. Gerd Schröder montierte rechtzeitig seine Gummistiefel, und Rot-Grün schwamm wieder einmal obenauf. Am Murten-, Bieler- und Neuenburgersee installierte sich die Schweizer Landesausstellung 02. Hochwassersicher auf Stelzen. Es wurde ein rauschendes Fest, und die internationale Presse war für einmal begeistert vom Auftritt der Schweiz. Trotz der massiven Gegnerschaft, welche den Anlass bekämpfte, weil er etwas kostete. Auch Christoph Marthaler kostete etwas und war deshalb unbeliebt. Während nämlich die Amerikaner damit beschäftigt waren, in Afghanistan Sanddünen umzubauen, starrte die Schar der Shareholder plötzlich entgeistert ihre Kontoauszüge an. Alles verloren. Genauso mühelos, wie man es vorher gewonnen hatte. Seither sind Visionen nicht mehr gefragt, weil sie teuer kommen. Um nicht dauernd Fußballinteresse heucheln zu müssen und den Nervenzusammenbrüchen Halle Berrys an der Oscar-Preisverleihung zu entgehen, nahm ich wieder einmal Jules Verne aus dem Regal und flog in 80 Tagen um die Welt. 67 Tage langsamer als Steve Fosset, der dieselbe Strecke in nur 13 Tagen bewältigte. So beobachtete ich das weitere globale Geschehen nur noch aus den Augenwinkeln heraus und genehmigte mir hin und wieder einen kräftigen Gin-Tonic. In Gedenken an Queen Mom. Deren biblisches Alter beweist doch augenscheinlich, dass harte Drinks, gleichmäßig über den Tag verteilt, der Gesundheit durchaus zuträglich sein können. Von mir aus hätten wir den Fernseher ohne Weiteres zum Sperrgut stellen können. Nur rechnete ich nicht mit der offenen Rebellion der lieben Kleinen.

Zeremonienmeister

Nach sechs Wochen Alkoholabstinenz betrank ich mich wieder einmal bei Adrianos. Hemmungslos und vorsätzlich – wie ein alter Pirat. Es war wunderbar. Vor der Flasche National-Rum war ich zwar fitter, doch die gnadenlose alkoholfreie Klarheit drohte mich schön langsam zum Grübler und Nörgler zu machen. Der Mensch ist schließlich ein Gewohnheitstier.

So schlich ich 42 Tage lang meine Altstadtpfade entlang, ohne mir an den gewohnten Tränken einen ordentlichen Drink hinter die Binde zu gießen. Ich hielt mich ganz gut mit Wasser, Koffein und Zigaretten bei Laune. Das war gesund, aber langweilig. Aber was will man, wenn man muss.

Nicht einmal der alte Kumpel Alkohol vermochte zuletzt die Wellen der einsamen Düsternis zu brechen, die mich vor meiner Mineralwasserkur überfluteten. Dieses dumpfe Grollen, das aus mir selber kommt, seitdem ich mit vierzehn die lächerliche Entscheidung getroffen hatte, meinen Lebensweg ohne Gott gehen zu wollen. Vielleicht ist diese Traurigkeit aber auch auf meine slawischen Vorfahren mütterlicherseits zurückzuführen, denen ich glücklicherweise auch meine Trinkfestigkeit, meine robusten Bronchien und meinen Hang zu Knoblauch und sentimentalen Liedern verdanke.

Wie ein Tito-Partisan vermag auch ich mich in den schlimmsten Situationen nur mit Tabak, ordinären Witzen und einer Flasche Slibowitz über Wasser zu halten. Bis die Augen flackern und wir uns endlich wieder alle in den Armen liegen. Mit lachenden Augen und weinenden Herzen oder umgekehrt. In der Spelunke *Zur vertrottelten Liebe,* in der wir alle schon die Chromstahltheke mit unseren Tränen ätzten.

Umso wichtiger ist gutes Barpersonal – denn diese Leute sind die Zeremonienmeister des hochgeistigen Rituals, welches uns der Herr als Trost für die Vertreibung aus dem Paradies gelassen hat. Nur zum Einreiben hätte er ja wohl kaum aus Wasser Wein gemacht. Der Orient hingegen hält sich mehr an das Harz der Hahastaude oder gar ans Opium.

Ein Mix der Kulturen soll ja auch gut sein – ist aber nichts für mich. Ich vertrage das nicht und halte mich daher ausschließlich an Hochprozentiges mit viel Wasser. Zu oft schon hat sich, anlässlich einer Zechtour, neben dem Geist auch der Magen und das ganze Ensemble rundherum frei gemacht, und jedes Mal kam irgendetwas Unerwünschtes hoch. Das Abendessen, der Notarzt, Polizei oder Feuerwehr, eine Faust, die Rechnung, die Erinnerung oder – was grauenhaft ist – das absolute Vergessen.

Wer je wie ein verängstigtes Karnickel die Glocken der Hölle am Tag danach hören musste, weiß, dass er einen zu hohen Preis bezahlt und mehr graue Zellen durch falsches Trinken umbringt, als er wirklich opfern müsste, um für einige Zeit dem Jetzt zu entfliehen und dem Verstand gerade so viel Hirnplatz freizusprengen, dass dieser endlich anfangen kann, das Leben aufzuräumen.

Nothing compares

Nicht schon wieder *Nothing Compares 2 U*, murmelte ich, gerade als ich einen Haken auf das monströse Kinn des Idioten abfeuerte, mit dem ich den ganzen Abend lang die 40-prozentige Katzenpisse mit den vier Rosen auf dem Etikett über die Unterlippe gekippt hatte. Dieser Song rührte mich, weil ich Sinead O'Connor diese bebende Verzweiflung tatsächlich abgenommen hatte. Sünderin und doch geschüttelte Katholikin. Eine Frau, mit der man Himmel und Hölle erleben könnte und die doch nur am liebsten ihre Bücherregale wieder in der Wohnung ihres Ex-Ex an die Wand schrauben möchte. Deswegen schoss mir auch das Wasser der Sentimentalität in die Augen. Blöderweise, als es darum gegangen wäre, meine geballte Faust mit größter Präzision durch die wabbernden Nebel der Umnachtung hindurch in das Schafsgesicht des Unschuldigen, welchen ich mir ausgesucht hatte, zu navigieren. Ich sah bloß noch, wie mein tödlicher Hammer in Zeitlupe haarscharf an seinem linken Ohr vorbeizischte. Kurz darauf wurde ich von meinem eigenen Schwinger nach vorn gerissen und kippte steif wie ein Pfosten über einen dieser scheiß Bistrotische. Schreie, Scherben und *Nothing Compares 2 U*. Noch bevor ich jedoch ins Bodenlose fiel, stürzte ich in diese riesigen irisierenden Augen, welche mich für den Flügelschlag eines Schmetterlings lang vergessen ließen, dass ich mich eigentlich mitten in einem Faustkampf befand und wieder einmal schwer im Begriff war, den zweiten zu machen. Noch im Fallen fixierte ich dieses fassungslose, empörte, hübsche Gesicht mit den zwei magischen Monitoren. Bevor ich das Marmortischchen unter mir brechen und die Scherben in mich eindringen spürte. Mein Gott, ich habe mich in Sinead O'Connor verliebt, schoss es mir durch den Kopf. Dann schlug ich hart am Terrazzoboden auf. Noch bevor der Schafskopf kontern konnte. Lotfi, der marokkanische Barkeeper, hätte dann die ganze restliche Nacht nur mehr Bebop aufgelegt, erzählte man mir später. Um die Leute emotional herunterzuholen. *Blue Train.*

Aber davon bekam ich nicht mehr viel mit.

Als ich irgendwann, irgendwo wieder aufwachte, hatte ich das Gefühl, gerade einen Flugzeugabsturz überlebt zu haben. Das Licht einer 60-Watt-Birne brannte sich durch meine geschlossenen Augenlider in meine Netzhaut. Diese funkte den Reiz unverzüglich an mein schmerzendes Gehirn weiter. Dieses schwamm noch immer stockbesoffen in der Katzenpisse. Mir war egal, dass ich an einem Ort aufwachte, den ich nicht kannte. Neben einer Frau, an die ich mich nur knapp erinnern konnte. Anfangs reagierte ich nicht einmal auf den Anblick der reizvollen Silhouette, welche sich mir im Gegenlicht der Nachttischlampe bot. An den leicht gebogenen Nacken. An den eleganten Schwung der Wirbellinie, welche, ohne den Eindruck von Magersucht zu hinterlassen, im Umriss einer perfekten Schulter endete. Das ganze Ensemble war nicht unpassend zu den eher knabenhaften, aber nicht unfemininen Hüften des unbekannten Wesens neben mir.

Erst die Wahrnehmung ihrer Duftspur, einer Mischung aus Sommerregen, Basilikum und einer Spur *Obsession,* ließ mich in die Offensive gehen.

Draußen trottelten schon die Touristen durch die Altstadt, als meine blutverkrusteten Hände endlich zittrig den Weg zu ihren kleinen, aber festen mexikanischen Hügelchen fanden. Dort warteten schon zwei ungeheuer aufgeregte Sombreroträger, um mir endlich »Buenos Dias« zu wünschen. Immer noch von der Katzenpisse sediert, reagierte ich dann auch nicht panisch, als sie mir als Belohnung für meine Suche ihre kühle, schlanke Zunge in den Mund schob und damit nur erreichte, dass ich meine Expedition noch ausweitete. In die Poebene und dann ziemlich direkt ins Deltagebiet. Alles wäre so gekommen, wie es hätte kommen müssen, wäre ich am Endpunkt meiner Reise nicht auf etwas gestoßen, was dort eigentlich nicht hingehört hätte. Anstatt ihre Pforten der Wahrnehmung zu ergründen, hielt ich drum plötzlich, völlig perplex, einen pulsierenden Riemen gewaltigen Ausmaßes umklammert. Obwohl überhaupt nicht homophob, ergriff mich ein gewisser Fluchtreflex.

Unter dem Vorwand, ins Badezimmer zu müssen, stürzte ich, nur mit einem Damenmorgenmantel notdürftig bekleidet, die nächstbeste Treppe hinunter. Die falsche Sinead hatte mittlerweile wieder *Nothing Compares 2 U* aufgelegt und wartete auf mich. Obwohl ich schon längst panisch die Altstadt hinauf Richtung Bahnhof flüchtete. Draußen auf der Gasse durchsiebte mich die weiße, tödliche Sonne, und plötzlich hatte ich das Gefühl, im Granitpflaster zu versinken, während in der Hitze die Fassaden zu schmelzen begannen und sich bedrohlich über mich neigten. Aus einem der überhängenden Häuser grinste mir syphilitisch Giacomo Casanova mit seinem langen Zinken entgegen, und ich fürchtete, der Sandstein würde mich endgültig verschlingen. Von Halluzinationen gepeinigt, rief ich sofort meinen Arzt an. Er empfahl mir einen Schnaps. Danach sollte ich zu ihm in die Praxis kommen und Neuroleptika schlucken. Wahrscheinlich hätte ich ein Tremens.

Nach der ersten Dosis Katzenpisse richtete sich die Welt allmählich wieder auf, und ich begann meine überstürzte Flucht irgendwie zu bedauern.

Just run and drink water

Büßen wir für die Fehler, die wir in unserem vorherigen Leben gemacht haben?

Bin ich heute ein schwerer Junge, weil ich womöglich im Leben vorher ein leichtes Mädchen gewesen bin?

Oder mangelt es doch an der Bewegung?

Diese Überlegungen machte ich mir, während mein Hirn mein Leben aufräumte und meine Bronchien wie brünstige Kampfstiere brüllten. Gleichzeitig versuchte eine Flasche Henriot brut im Kühler mich zur Aufgabe meines Abstinenzgelübdes zu verleiten. Es handelte sich um ein Geschenk aus Zollikofen, nachdem ich in einer Kolumne behauptet hatte, dass Zolliköfler zu Silvester leere Schnapsflaschen von der Münsterplattform geworfen hätten. Der Gemeinderatspräsident Beat Waldmeier schrieb in seinem Begleitbrief, es sei eher unwahrscheinlich, dass es sich bei diesen um Zolliköfler gehandelt habe.

Dies, weil es in der flachen Gemeinde Zollikofen keinerlei Trainingsmöglichkeiten für Vertikalflaschenwurf hat. Dafür habe es ausgezeichnete Kugelstoßer.

Zerknirscht muss ich den Argumenten Waldmeiers zustimmen. Ich verspreche, nie wieder einen Zolliköfler des Wurfes zu verdächtigen – außer ich werde von einer horizontal gestoßenen Kugel getroffen.

Um frische Luft zu schnappen, verließ ich die Küche Richtung Putzbalkon. Plötzlich stellte ich fest, dass ich aus dem Büro gegenüber beobachtet wurde. Um dieser Situation zu entfliehen, beschloss ich einen Spaziergang. Meine erste Rast machte ich in der *Brasserie Lorraine*. Nach drei Münzentee fühlte ich mich selbstveraltet (sic!) und beschloss, doch noch schnell meinem Freund Hirsham im *Xanadu* meine Aufwartung zu machen.

Seine Ratschläge helfen nicht wirklich, dennoch beschloss ich, seinen Tip »Just run and drink water« zu beherzigen, und näherte mich der Lorrainebrücke.

Beim *Du Nord* fiel mein Blick auf ein gigantisches Auto der Marke Jeep. Am Steuer saß Thomas Fuchs und grüßte freundlich. Ich grüßte freundlich zurück und stellte fest, dass auch er zugenommen hat. Wie gut doch so ein Spaziergang tue, rief ich ihm erfolglos nach, während ich mir die Frage stellte, was denn der Fuchs in der Lorraine sucht. Jagte er oder suchte er nur einen Parkplatz, was schwierig sein dürfte. Er könnte ja seinen Giganten höchstens hochkant parkieren. Meine Fragen unbeantwortet lassend, walzte der Jungpolitiker reifenschmatzend mit seinem Koloss über die Lorrainebrücke. Ich folgte zu Fuß der breiten Schneise, die dieser Flugzeugträger der Straße durch den Verkehr pflügte, bis ich beschloss, bei *Adrianos* auf ein Mineral vorbeizuschauen. Dort lief mir mein alter Kumpel David Gattiker über den Weg – auch er ein schwerer Fall.

Wir beschlossen, uns den Klang der Henkersglocke anzuhören, welche neuerdings mit ihrem einsam scheppernden Cis die Stadt aufs Münstergeläute einstimmt. Zwei der fünf zuletzt hingerichteten Justizopfer hießen Jakob Gattiker (ein Raubmörder) und Anna Maria Flückiger (eine Kindsmörderin mit lockerem Lebenswandel).

Letzteren Familiennamen trug auch ich, bevor ich mir den Künstlernamen gab.

Die letzte Reise

Wie Queen Mum 101-jährig zu entschlafen ist nicht jedem vergönnt. Die Normalsterblichen segnen früher das Zeitliche. Obwohl einem in alten Zeiten das Totenglöcklein noch zeitiger schlug.

Der Tod kam schnell, infolge einer Infektion oder eines feindlichen Faustkeils. Schon eine harmlose Mandelentzündung konnte das Ende bedeuten. Die Bestattung war ökologisch. Man fraß das Hirn und hängte den Rest der Leiche für die Hyänen in die Büsche.

Die moderne Leiche hingegen wird mit fossiler Energie verfeuert, dafür gibt es weniger Tamtam. Die Zeit des Kienspans mag mühselig gewesen sein – spannender war sie allemal. Die Leuchtstoffröhren der Marke Osram, in welche wir schon in der Geburtsabteilung starren, begleiten uns quer durch unser ganzes Leben. Durch die Kindergärten, Schulen, Fabriken, Ämter, Wartezimmer, chirurgischen Abteilungen, Leichenschauhäuser bis in die Krematorien. Unsere Entsorgung ist rationeller, platzsparender und energieaufwendiger geworden. Wer hat heute schon genug Platz im Garten, um die Gebeine seiner Ahnen in den Thuja zu hängen …

So ist unser Ende normiert und trostlos geworden, und obwohl ich keine Extrawurst für mich beanspruchen möchte, beelendet mich manchmal die Aussicht auf die industrielle Abwicklung meiner letzten Reise. Dann beneide ich den Seemann, den man leinenumwickelt zur Freude der Fische auf den Grund des Ozeans schickt, oder den Raumfahrer, dessen sterbliche Hülle Richtung Alpha Centauri fliegt. Wahrscheinlich aber ende ich wie jede hiesige Durchschnittsleiche im Ofen.

Die alternative Idee, mich nach meinem Ende mit dem Hintern nach oben als Veloständer eingraben zu lassen, habe ich, weil pietätlos, wieder fahrengelassen.

Auch der Plan, mich nach meinem Ableben in Kunstharz eingießen zu lassen, um dann für den Rest der Ewigkeit als Sideboard RTL 2 schauen zu müssen, habe ich verworfen. Der einzige Weg, meiner 08/15-Kremierung zu entfliehen, wäre die Rückkehr nach Wien oder Salzburg. Dort schätzt man den Tod seit jeher höher ein als das Leben.

Das stört mich aber, da ich ja momentan noch recht lustig bei der Sache bin und zu viel Sterbeplanung nur trübe Gedanken bringt und die Lebensqualität mindert.

Der Widerstand müsste, wenn schon, dann viel früher beginnen. Dämmert man erst in der Geriatrie der nächsten Runde entgegen, ist es auch schon zu spät.

Sonst gäbe es mehr Amokläufe. Gerontokiller, welche aus dem Gitterbett heraus die Oberschwester nach der Frage »Na, wie gehts uns denn heute?« mit dem 45er umnieten.

Vielleicht sollte ich nach Frankreich auswandern.

Dort kriegt man als Künstler ein Staatsbegräbnis.

Von Menschen und Ameisen

Endlich ist die WM vorbei. Von mir aus hätte auch Korea gewinnen dürfen. Zwar heuchelte ich matt Interesse, um mich nicht ganz zu isolieren, obwohl ich nicht einmal die Mannschaften unterscheiden konnte. Auf den ersten Blick erkannte ich höchstens die Brasilianer. Wegen der obszönen Ronaldofrise, die aussieht wie das Titelblatt des Schweizer Sex-Anzeigers.

Dem *Blick* entnehme ich, dass sich jetzt auch viele Schweizer Fans ein solches Dreieck rasieren lassen wollen, was ich mir aber kaum vorstellen kann. Die meisten haben ja schon in jungen Jahren den Ansatz zu einem Fliegenlandeplatz. Die müssten sich das Dreieck schon aufkleben, denke ich mir schadenfreudig, da ich zwar nicht WM-tauglich bin, mich aber trotz meiner 47 Jahre immer noch eines flächendeckenden Haarwuchses erfreue. Mein lockiges Haupthaar lasse ich ungebändigt sprießen. Seit ich festgestellt habe, dass ich mit einer Normalofrise aussehe wie Kurt Felix. Auch ein Rossschwanz wäre keine Lösung. Zu leicht könnte man mich mit Karl Lagerfeld (vor der Diät) verwechseln. Zugegeben, im Sommer geben die Haare heiß. Aber zu den im Moment vorherrschenden Glatzen habe ich ein gespaltenes Verhältnis. Man weiß nie genau, ob es sich um Skinheads, Autonome, Architekturfans (Zumthor-Skins), Kicker oder Unternehmensberater handelt. Die meisten Modeglatzenträger wollen doch bloß ihren Haarausfall kaschieren.

Ohne Glatze hätten die schon lange eine Glatze, grummle ich vor mich hin, während mir der Schweiß die Kopfhaut hinunter in den Nacken rinnt und mein letztes Hemd ruiniert.

Das nehme ich auf mich, um nicht gleich uniformiert herumlaufen zu müssen wie all die Kahlköpfe, denen ich vom Balkon aus zusehe, wie sie sich von der Sonne ihre Gehirne backen lassen. Vom Wintereinbruch träumend, hefte ich meinen Blick an die Ameisenstraße, welche sich von den Müllsäcken im Vorgarten über die Außenfassade bis zum Dach unseres Hauses erstreckt. Mit einigen Büchsen Ameisengift mache ich mich auf die Pirsch, realisiere aber, dass unsere Wohnung dieses Jahr von den Biestern verschont wurde. Meine Bereitschaft zum Einsatz chemischer Waffen dürfte sich bei den Insekten herumgesprochen haben.

Irgendwie bewundere ich die Ameisen, obwohl sie auch alle gleich aussehen. Sie sind uns ähnlich und kennen, obschon sie keine AHV kriegen, auch nur Geburt, Arbeit und Tod. Im Unterschied zu uns sind sie aber lernfähig und werden uns überleben.

Vom Sauniggel zum Pauniggel

Früher war ich auch ein Sauniggel. Heute bin ich es höchstens noch privat, aber nicht mehr öffentlich. Es ist sicher ein Zeichen der Verspießerung, dass ich, der einst in den wilden Achtzigern Farbbeutel ans Gebäude der Bernischen Kraftwerke pfefferte, mich jetzt über die Schmierereien und den Vandalismus aufrege. Aber jeder Mensch entwickelt sich schließlich, und heute muss ich Tschäppu recht geben: Bern ist gruusig.

Wer das nicht glaubt, der sehe sich nach einem Badetag das Gelände rund ums Kinderplanschbecken im Wylerbad an. Es sieht aus wie nach dem Gurtenfestival. Es gibt tatsächlich Leute, denen man die Funktion eines Abfallkübels erst noch kommunizieren muss. Mein jugendliches Sauniggeltum war eher eine Trotzreaktion.

Eine Zeit lang warf ich meinen Abfall prinzipiell auf die Straße, weil die Stadt Bern mich nicht als Straßenwischer anstellen wollte. Als Zivilschutz Leistender sei ich nicht qualifiziert, sagte man mir damals, zur Zeit des kalten Krieges. Vielleicht hat die Jugend an sich etwas Destruktives, denke ich mir, wenn ich die schönen, neuen und teuren Busstationen betrachte. Die meisten sind schon wieder zerstört und verkritzelt. Mit Tags, irgend so einem blöden Amibrauch. Wir schmierten wenigstens noch Sachen mit Sinn. Zum Beispiel »Waffeln für Elsalvador« oder »Höllvetia«.

Heute wirkt das alles stilistisch veraltet. Sogar der Flyer vom Quartiermetzger, der für seine Hackfleischwochen Werbung macht, sieht aus wie vor zwanzig Jahren ein Bewegungsflugblatt. Für diese Scheiße wollte ich die Welt nicht ändern.

So hörte ich auf, Wände zu verschmieren und die Stadt zu übermisten. Ich wurde vom Saulus zum Paulus. Oder besser gesagt, vom Sauniggel zum Pauniggel.

Höchstens, dass ich ab und zu (fast zwanghaft) eine leer gerauchte Zigarettenschachtel in einen Spalt hinter einen Telefonautomaten oder hinter einen Postkasten schiebe. Hin und wieder, ich gebe es zu, klebe ich auch Kaugummis auf Parkverbotstafeln, anstatt sie andern Leuten vor die Turnschuhe zu spucken. Es ist mir aber auch schon passiert, dass ich gegen meine Überzeugung einen städtischen Busch salzen musste, weil öffentliche Toiletten bald noch seltener sind als unverkritzelte Mauern.

Oft ertappe ich mich dabei, dass ich meine Kippen vom Balkon schnippe.

Letzte Woche schnippte ich nicht präzise. Die Kippe kam von ihrer Flugbahn ab und landete fatalerweise auf dem Käppi eines Securitasmannes. Der grinste hämisch – trotz rauchender Haube –, denn er war gerade im Begriff, einen 120-Franken-Bußzettel unter den Scheibenwischer meines Passats zu klemmen.

No Milk Today

Beatmusik war strengstens verboten im salesianischen Erziehungsheim Vinzentinum. Jeder Kontakt zu Mädchen war verboten. Alle Zöglinge träumten von Wencke Myhre oder Rita Pavone. Dafür mussten wir sogenannte Jazzmessen über uns ergehen lassen und den Antidrogenkaplan Flury mit seiner Wanderklampfe. Den fand ich so abstoßend, dass ich beschloss, mir so bald wie irgend möglich Hasch zu besorgen. Der Leibhaftige hatte mittels Beat von mir Besitz ergriffen. Ich klaute meiner Omi ihr Taschenradio mit dem Ohrstöpsel und hörte unter der Decke Feindsender, statt von Wencke Myhre zu träumen. Radio Luxemburg war für mich die einzige Verbindung zur nichtkatholischen Normalwelt.

Bald begann ich die Namen meiner damaligen Lieblingsbands ins Studierpult zu schnitzen. Das waren alle Bands, die mit »The« anfingen. Doch die Inquisition schlug zurück, die Henker schraubten die Tischplatte ab. Diese wurde abgeschliffen, zersägt, schwarz angemalt und zu einem kreuzförmigen schwarzen Brett umfunktioniert. Daran wurden die Namen aller Beatmusiker angenagelt, außer Cliff Richard, der war katholisch. Meine *Bravo*-Starschnitte mussten auf den Scheiterhaufen, nur mein Stöpselradio fanden sie nicht. Ich versteckte es bei den Kaninchenställen.

Doch der Leibhaftige schlug zurück. Mit einigen Gleichgesinnten gründeten wir einen geheimen Beat-Club. Überall an den Wänden tauchten plötzlich Namen wie The Beatles, The Troggs, The Rattles, The Lords oder The Dave Clark Five auf.

Die Jungscharfraktion antwortete prompt mit einem Cliff-Richard-Fanclub. Dieser genoss die Protektion des Vatikans. In den Schlafsälen wurde weiterhin onaniert und Feindsender gehört. Ohne *No Milk Today* von den Herman's Hermits konnte ich damals sowieso nicht einschlafen. Im Waschsaal übte ich vor dem Spiegel pantomimisch den Beatgesang. Statt eines Mikrofons verwendete ich eine Haarbürste. In der Sakristei übte ich den exzessiven Shake-Solotanz der frühen Siebzigerjahre.

Ich träumte von London und Hamburg und musste an die Fronleichnamsprozession. So ist es nicht verwunderlich, dass ich seitdem christliche Popmusik hasse wie die Pest. Allen voran Cliff Richard. Ich wollte ein Beatsänger werden wie Barry Ryan. *Eloise,* seinen größten Hit, konnte ich auswendig. Meine Band würde »The Devils« heißen. Aber es kam alles anders. Die Beatmusik hieß plötzlich Rock, und ich wollte sein wie Mick Jagger. Ich selber wurde über Umwege so eine Art Rocksänger und hörte auf, Popmusik zu hören.

Seit ich selber singe, höre ich nur noch Autoradio. Jetzt sind wieder Schlager in. Ich warte schon darauf, dass Sinead O'Connor endlich ein Trip-Hop-Cover von Cliff Richard macht. Die ist ja auch katholisch. Wie vermisse ich Omis Stöpselradio und *No Milk Today.* Ich konnte nach diesem Song immer so gut schlafen.

Matrosen am Mast

Ich war immer schon ein Nestflüchter. Mit 16 haute ich das erste Mal von zu Hause ab. Jeder Ort schien mir besser als dieses traurige Nest am Wörthersee mit dem bezeichnenden Namen Klagenfurt. Der Name war Programm. Vor allem für die Zöglinge des katholischen Knabeninternats Vinzentinum. Dort saß der Colt locker. Man konnte jederzeit wegen irgendeiner Nichtigkeit in den nächsten Watschenwald geraten. Der Lehrkörper bestand hauptsächlich aus alten Nazis. Notorischen Sadisten, die nicht einmal der Krieg fressen wollte.

Lange Haare verboten. Beatmusik verboten. Lederjacke verboten. Jeans verboten. Sprechen im Speisesaal, Studiensaal und Betsaal verboten. Kontakt zu Mädels verboten. Ohrstöpselradio verboten ... und so weiter.

Dafür Zwangsmitgliedschaft in der katholischen Jungschar. Im Vergleich zu diesen klerikalfaschistischen Kinderhassern von damals erscheint einem Bischof Haas wie ein antiautoritärer Kindergärtner.

Sofort nach Beendigung der Internatszeit ergriff ich die Flucht. Wurst wohin, dachte ich mir und landete in Wien. Wien war zwar auch Österreich, aber in Wien gab es wenigstens Beatkonzerte und Gammler.

Im Vergleich zu Klagenfurt war es wie San Francisco. Schließlich landete ich mit meinem stinkenden Armyschlafsack in einer linken Studenten-WG, wo ich einige Tage unter der Treppe lagern durfte.

Als der Göttibatzen aufgebraucht war, fing ich an, Platten zu klauen und auf dem Flohmarkt zu verhökern. Ich trieb

mich am Naschmarkt herum, im Burggarten und beim The-
seustempel, der damals der Treffpunkt der Langhaarigen
war, versüßte mein Leben mit türkischem Hasch und las all
die Bücher, die mir bisher verboten gewesen waren. So vergingen einige Wochen. Inzwischen war ich von meinem Asyl
unter der Treppe ins Gemeinschaftsschlafzimmer aufgestie-
gen, in einen versifften Haufen von Matratzen und alten Mi-
litärdecken.

Ich fühlte mich frei wie ein Vogel, bis irgendjemand Filz-
läuse einschleppte und alle mir die Schuld geben wollten.
Dabei beschränkten sich meine sexuellen Erfahrungen bis
dahin auf Händchenhalten und das Austauschen von Zun-
genküssen. Es war mir echt peinlich, als ich bei der nächsten WG-Sitzung vor allen Leuten meine Unschuld beteuern
musste – was eine hübsche, pflichtbewusste Genossin veranlasste, diesem unbefriedigenden Zustand in der folgenden
Nacht ein Ende zu bereiten.

Trotz der Tatsache, dass ich nun selber Matrosen am Mast
hatte, wollte ich in Zukunft mein Leben der Revolution
widmen.

Vor allem aber wollte ich nie wieder zurück nach Kärnten – in diese lodentapezierte geistige Einöde. Meine tief
besorgte Familie war jedoch nicht untätig geblieben. Sie
forschten nach meinem Aufenthaltsort, gingen jeder Spur
nach und wurden schließlich fündig. So tauchte eines Tages ein schwarzes Taxi vor dem Haus auf, und heraus stieg
meine völlig in Tränen aufgelöste Mutter. Aus lauter Mitleid
ließ ich mich zur Heimkehr bewegen. Meine Penntüte blieb
irgendwo in den Matratzenbergen liegen – trotzdem fühlte
ich mich irgendwie gut.

Zurück am Fuß der Karawanken, machte ich eine Kur
mit DDT-Pulver, kaufte mir einen neuen Schlafsack und trat
der kommunistischen Jugend bei. Mein Verhältnis zu Klagenfurt indes blieb belastet – bis zum heutigen Tag.

Alles püriert

Mein Urgroßvater war einer der reichsten Männer Südkärntens und hatte schöne Zähne. Allerdings nur vier Stück davon. Er sah aus wie Fürst Dracula. Eigene Zähne galten als Luxus, da Zahnärzte selten und teuer waren. Bauerntöchter mit eigenen Zähnen fanden nur schwer einen Mann, weil sie mit den ewigen Zahnarztbesuchen viel zu teuer kamen. Man ließ sich schon in jungen Jahren alle Zähne ziehen, um sich dann eine Schublade verpassen zu lassen. Damit konnte man zu Weihnachten gut Zimtsterne ausstechen und sparte die Förmchen.

Heute hingegen herrscht der Kult des makellosen einheitlichen Kühlergrills. Ein perfektes Gebiss hat auszusehen wie die Tastatur eines Casio-Keyboards. Gerade und weiß. Ob dieses strahlende Einheitsgrinsen den Einzelnen wirklich attraktiver macht, sei dahingestellt. Tatsache ist – heute verpasst man den Kindern schon präventiv eine Zahnspange. Das führt dazu, dass die Jungen genau gleich blöd grinsen wie die Alten. Kaum einer hat nach der kollektiven Flurbegradigung noch einen Vorbiss oder gar eine charmante Zahnlücke. Schlechte Zähne seien eine Folge der Armut – das behauptet jedenfalls eine jüngst veröffentlichte Studie. Stimmt nicht unbedingt, wie das Beispiel des Financiers Martin Ebner zeigt. Obwohl er sich finanziell ein Prachtgebiss wie Roberto Blanco leisten könnte, steht er offen zu seinem unkonventionellen Zahnbild. Das ist aber leider auch der einzig sympathische Zug, den ich an ihm finden kann. Vielleicht hat er als Kind zu viel an den Fünfliberrollen herumgeknabbert.

Die Leute sparen halt lieber beim Zahnarzt als beim Auto, meinte eine befreundete Dentalhygienikerin, während sie meine braunen Hauer abspitzte. Stimmt nicht! Wer heute in der Schweiz den Zahnärzten in die Hände fällt, der kann für Jahre das Sparen vergessen. Deshalb schiebe ich auch die seit Langem fällige Totalrenovation immer wieder hinaus. Zum Glück sieht man es mir aber nicht an. Die Front sieht gut aus, doch dahinter beginnt die Steppe. Windschief lehnen noch vereinzelte, ausgeplombte Ruinen in riesigen Parklücken herum. Diese meine letzten Zähne schone ich. Alles wird püriert.

Trotzdem ist gestern wieder eine Füllung in einer Erdbeere stecken geblieben. Es ist ein Jammer.

Forever young

Mein Großonkel Friedel war ein begnadeter Trinker vor dem Herrn. Er wurde fast hundert Jahre alt, obwohl er sich zeitlebens fast ausschließlich von Speck, Knoblauch und Schnaps ernährte. Trotz Dauerrausch gewann er als junger Mann zweimal das blaue Band vom Faaker See. Beim dritten Mal war er so besoffen, dass er sich verschwommen hatte. Mit fünfundachtzig Jahren bezwang er seinen letzten Viertausender – er war fit bis ins hohe Alter. Onkel Friedel war sogar schon einmal scheintot. Anlässlich eines Feuerwehrfestes fiel er im Vollrausch vom Tanzboden und gab kein Lebenszeichen mehr von sich. Alle im Dorf glaubten, er sei perdu, und der Pfarrer wurde verständigt, da ein Arzt nach dem Krieg in Südkärnten schwer aufzutreiben war. Der Gottesmann handelte prompt und befahl dem Mesner, die Glocken zu läuten. Onkel Friedel wurde von seinem eigenen Totengeläut aufgeweckt und löste laut fluchend unter den abergläubischen Dorfbewohnern eine Massenpanik aus. Später heiratete Friedel eine Tochter aus einer berühmten Schnapsbrennerfamilie und machte so sein Hobby zum Beruf.

Ich wünschte, ich könnte sein wie er – eine slawische Eiche. Vor dreißig Jahren hätte ich niemandem über dreißig getraut. Heute habe ich siebenundvierzig Jahre auf dem Zähler und sehe das etwas anders. Als Jugendlicher machte ich alles, um mich möglichst schnell um die Ecke zu bringen, heute freue ich mich des Lebens – trotz Altersparodontose, Haarausfall und Kugelbauch. Trotzdem meine ich manchmal schon mein Totenglöcklein zu hören. Vor allem jetzt, da sich der Sommer verzogen hat und Allerheiligen naht.

Heimtückisch lauern die Wespen im Bier. Ein voreiliger Schluck, eine allergische Reaktion, und das könnte es gewesen sein.

Trotz meiner robusten Vorfahren rechne ich sekündlich mit meinem Ableben. Irgendwann einmal wird neben der Impotenz und dem Übergewicht auch die Angst vor Krankheiten heilbar sein, und die Leute werden alt werden. Die Chemie wird das Alter besiegen, die AHV wird bankrott sein, und unter achtzig Jahren braucht sich sowieso niemand Hoffnung auf eine Lehrstelle zu machen.

Schnorcheln in Nepal

Ende der Siebzigerjahre nahm ich Marx und Mao von der Wand. Die Sache war für mich gelaufen. Die wildesten Trotzkisten machten plötzlich Karriere beim Österreichischen Fernsehen. Einer wurde sogar Korrespondent im Vatikan. Als Student sah er aus wie Angela Davis. Er brauchte bei den Demos nie einen Helm. Gott sei Dank hat er sich weiterentwickelt. Er ging allen in der WG mit seinen dogmatischen Ansichten auf den Keks und kochte grauenhaft. Wenn er Küchendienst hatte, ging ich auswärts essen.

Die allermeisten Studis verschwanden mit Beginn ihrer Akademikerlaufbahn irgendwo in den Institutionen, wo sie noch heute auf ihre Pensionierung warten. Ich aber verlor jede Hoffnung auf einen Umsturz innerhalb einer nützlichen Frist – zudem plagte mich böser Liebeskummer, wie ihn nur junge Männer erleiden können, welche noch nicht ganz trocken hinter den Ohren sind – oder aber alte Narren, wie Don Quixote, der mit der verseuchten Schnäuzfahne seiner Dulcinea del Toboso an der Lanze seinerzeit auf Windmühlen eingedroschen hatte. Verzweifelt drehte ich ein paar krumme Dinger und kaufte mir ein Flugticket Wien – Bangkok – Katmandu, mit der Absicht, mich selbst zu finden. Nach einigen Wochen Schnorcheln am Strand von Pattaja war der größte Teil meiner beträchtlichen Geldmittel verpulvert, und ich hatte einige ziemlich üble Angewohnheiten mehr, welche ich hoffte in Nepal mit billigem Rauchopium kurieren zu können.

So bestieg ich mit meiner Schnorchelausrüstung eine Propellermaschine der königlich-nepalesischen Fluggesellschaft. Schon im Flugzeug roch es irgendwie streng. Der Gestank steigerte sich noch nach der Landung, und mein Frühstück kam retour. Abgesehen vom strengen Geruch ist Katmandu märchenhaft. Ein einziger riesiger Tempel. Buddhismus, Hinduismus und Lamaismus bunt durcheinandergewürfelt – immer klingelt irgendwo ein Glöcklein, dreht sich eine Gebetsmühle oder leiert jemand sein Mantra. Eingelullt von der feierlichen Stimmung und den Marihuanaschwaden, opferte ich dem Elefantengott Ganesh. Dieser ließ mich im Casino aus dem 5-Dollars-Gratiscoupon, welchen jeder Besucher erhält, binnen kürzester Zeit 300 Dollars machen.

Mit dem Geld verzog ich mich nach Pokhara. Dort befindet sich der größte See Nepals sowie die königliche Sommerresidenz.

Ich mietete mir etwas abseits eine Lehmhütte und ein Velo ohne Beleuchtung, mit dem ich eines Nachts völlig stoned einen schwarzen Wasserbüffel rammte – was die Nepalis zu spontanen Heiterkeitsausbrüchen veranlasste. Tagsüber zeigte ich irgendwelchen Yogatanten die Geheimnisse der nepalesischen Hügelwelt oder schnorchelte im See. Für die Nepalis sah ich mit Taucherbrille und Schnorchel aus wie eine Mischung aus Ganesh und Yeti. So wurde ich zum Ortsgespräch.

Die nötigen Rupien für mein sorgloses Leben verschaffte ich mir durch die Vermittlung von illegalen Haschölgeschäften.

Die Nepalis versteckten das Öl in gigantischen Daunenjacken und zahlten mir eine Provision. Mancher magersüchtige Hanfstängel sah dann plötzlich aus wie Arnold Schwarzenegger. Das ging ganz gut so, bis die Scheißerei und Kotzerei losging. Ich verlor 25 Kilo und wurde gelb wie eine Banane. Die Liste meiner Leberentzündungen war wie der Lehrplan der ersten Klasse an der Rudolf-Steiner-Schule. A, B und C.

Mama musste wieder einmal helfen. Bis allerdings das Geld und das Rückflugticket eintrafen, vergingen noch einmal drei Wochen. Zudem begann der Monsunregen, der durch das löchrige Dach meines Lieblingslokals *Pie and Tschai* tropfte – um mir als nie endender Strom den Rücken hinunterzulaufen. Dazu eierte ununterbrochen die einzige Musikkassette jenes windschiefen Etablissements. Steve Miller Band, *Take the Money and Run.*

Anstatt mich selber zu finden, fand mich – oder zumindest das, was von mir noch übrig war – glücklicherweise der Beauftragte des Schweizer Konsulats. Als ich Katmandu vom Flugzeug aus das letzte Mal von oben sah, wusste ich, Mama hatte wieder gewonnen. Ich flog heimwärts, doch mein Selbstwertgefühl blieb zerstört am Boden zurück.

»Leben ist …«

Diesen miesen Sommer hätten wir überstanden, dachte ich mir, als ich unser Gepäck ins Auto stopfte. Voller Vorfreude auf Sardinien und einige sonnige Tage am Meer, hatte doch der dauernde Regen bisher jedes Aufkommen eines Feriengefühls im Keim erstickt. Trotz Wellenbad im KaWeDe und Pizza beim Italiener. Nebst dem Dauerregen nervte mich zusätzlich allmählich das Dauergejammer über unsere schrumpelnde Volkswirtschaft, obwohl sich alle so bemühen, den Aufschwung mit allen Mitteln herbeizubeten.

Besonders drollig sind die neuen »Aufschwung ist …«-Plakate. Das Originalsignet hieß »Liebe ist …«, stammt aus den Siebzigern und zierte einst auch die Kaffeetassen, welche mir als Einziges von einer längst verflossenen Lebensabschnittspartnerin geblieben waren. Diese Tassen waren so scheußlich, dass selbst das Brockenhaus die Annahme verweigerte.

Das Ganze wäre auch nicht weiter erwähnenswert, wären die zu vermittelnden Aufschwungsrezepte nicht ähnlich dümmlich wie der bis vor Kurzem gepredigte Börsenwahn, der die blöde Schar der Kleinanleger dazu veranlasste, ihr Erbteil für immer in Martin Ebners Reich der Visionen zu deponieren.

Um wenigstens die wirtschaftliche Stimmung zu heben, werden nun munter Statistiken und Bilanzen frisiert. Offenbar entscheidet bei uns ein halbes Wachstumsprozent mehr oder weniger darüber, ob wir uns als Nation im Konsumrausch oder am Rande des Suizids befinden. Da lobe ich mir Italien, wo immer alles gleichzeitig wächst und in sich zusammenbricht. Egal wie es um die Wirtschaft steht oder welcher Darsteller gerade an der Regierung ist. Die Italiener nehmens locker, dachte ich mir, als wir wieder einmal in Genua die Anlegestelle der Fähre suchten. Die bauen jetzt schon Jahrzehnte am neuen Hafen herum, und das, was fertig ist, sieht jetzt schon aus wie ein Sanierungsfall.

Gerade noch rechtzeitig vor dem Ablegen des Schiffes gelang es mir, unseren Passat im Riesenbauch der Fähre zu parkieren, die trotz Ferienzeit saisonunüblich leer war wie das Neufeld-Parking. Die folgende stürmische Überfahrt entschädigte uns wenigstens bewegungsmäßig für den entgangenen Sommer im Wellenbad. Nach der Ankunft in Porto Torres fühlten wir uns wie nach der Umsegelung von Kap Horn und übergaben unser Vortagspicknick der aufgewühlten See.

Mittlerweile glücklich in St. Teresa di Gallura angekommen, stellt sich beim Anblick der sturmgepeitschten Bucht endlich mediterranes Lebensgefühl ein, obwohl das Wetter hier auch scheiße ist. Das Meer ist alleweil ein schönerer Anblick als der heimische Nordring, und Wildschweine gibt es in Sardinien häufiger als im Tierpark, und während Sturmwolken über uns hinwegziehen und der Duft des Pinienwaldes meine Nase umschmeichelt, komme ich ins Philosophieren. »Leben ist …«

Sardische Jahresringe

Jedes Jahr nach Ende der Ferien will ich mich bessern. Ich wollte eigentlich eine Diät und einen Italienischkurs machen. Und jetzt sitze ich schon wieder mit einem Glas Vermentino auf der Terrasse, und es ist immer noch alles gleich. Mein Italienisch sorgt immer noch für Heiterkeitsausbrüche, und vom Waschbrettbauch ist immer noch nichts zu sehen. Es sieht eher aus, als hätte ich eine ganze Waschtrommel geschluckt.

Wieder zurück in Sardinien. In der Gallura, dem Land, wo die Wildsau der Schildkröte Gute Nacht sagt – bevor sie vom Auto aus erlegt wird, um als Wildschweinwurst und -schinken ihrer endgültigen Bestimmung als Antipasto entgegenzutrocknen.

In unserem Ferienhäuschen ist auch immer noch alles beim Alten. Der Boiler hängt immer noch zu tief. An diesem blöden Ding, welches noch nie wirklich heißes Wasser geliefert hat, schlage ich mir mindestens zweimal am Tag den Kopf an. Ninakind meint, der Boiler heiße nur so wegen meiner Beulen. Trotzdem liebe ich diese mediterrane Bauruine. Vor allem den Blick aufs Meer, welches blau zwischen den Pinien hervorleuchtet, und die mindestens 300 hungrigen Katzen mit ihren mindestens 8 Millionen Flöhen, welche unser Domizil mauzend umlagern, seit das Töchterlein ihr ganzes Sackgeld in Katzenfutter investiert hat. Würden wir nicht in einer Woche wieder abreisen, so würden die Katzen platzen.

Am liebsten möchten wir gar nicht mehr nach Hause, wo man so wenig vom Leben und noch weniger vom Essen versteht. Wo wir wieder, freudlos vor einer drögen Tiefkühlpizza sitzend, an all die Schätze der gallurischen Küche denken werden. An den Pecorino und den Bohneneintopf, welchen wir so genussvoll mit Fladenbrot in uns hineinschaufelten. An das göttliche Spanferkel und die himmlischen Gnocchi sardi, den Wildschweinschinken und die köstliche Zuppa gallurese. An den ungekünstelten Wein, in dem der Geschmack der Insel orgelt, und an all die anderen Herrlichkeiten, welche sich im Laufe der Zeit wie Jahresringe um meine Hüften gelegt haben.

Der Mensch ist, was er isst. Dieser Spruch kam mir wieder in den Sinn, als ich herzhaft in eine dieser hausgemachten Wildschweinsalamis biss. Einer Spezialität, welche bei uns nirgends erhältlich ist und deren würziger Geschmack mich mit der mich umgebenden Landschaft eins werden ließ. Ich meinte, die Kräuter, Gräser, Früchte und wilden Gemüse zu schmecken, mit welchen sich die stolze Sau ernährte, bevor ein gut gesetzter, wahrscheinlich illegaler Schuss ihrem freien Leben ein Ende bereitet hatte. Eine solche Delikatesse kann trotz meiner bedenklichen Cholesterinwerte nicht wirklich schädlich sein, dachte ich mir und rundete den Fleischgenuss ohne Gewissensbisse mit einem Happen Pecorino ab. Das Ganze spülte ich mit einem kräftigen Schluck Bauernwein hinunter.

Angesichts dieser Genüsse werde ich das obligate Kilo zusätzlich gerne mit nach Hause nehmen. Wie ein Souvenir aus glücklichen Tagen. Es wird mich über die gramsigen Alplermagronen aus der Prodega hinwegtrösten, mit denen man von Schweizer Wirten so oft misshandelt wird. Allein der Gedanke daran blockiert mir die Füllfeder – doch gnadenlos verrinnt die Zeit. Schon in einer Woche wird nur noch ein Berg Katzenfutter im Garten und die Delle im Boiler an uns erinnern. Braun gebrannt und traurig werden wir an der Reling lehnen und zusehen müssen, wie Sardinien kleiner und kleiner wird und schließlich die Nacht über uns und das Meer hereinbricht.

Sofareisen

Die Fahrt vom Hafen in Genua zurück nach Bern verlief reibungslos. In viereinhalb Stunden waren wir da. Das Tochterkind sorgte auf dem Rücksitz mit ihrem Sony-Tango-Kompressor für das musikalische Rahmenprogramm. Immer eine Lieblingsnummer von ihr und dann wieder eine von mir. Abwechslungsweise. Das klang dann ungefähr so: Travis – Johnny Cash – Shakira – Johnny Cash – Anastacia – und schließlich zur Abwechslung Bob Dylan, den sie konsequent Bob Diddel nannte. Benannt nach den knubbeligen Plüschfiguren, welche nach den Pokemons Millionen von Eltern auf der ganzen Welt den letzten Nerv und die Geldbörse rupfen. Mittlerweile finde ich Anastacia auch gut. Hat sie toll gemacht, die Tochter. Ich wäre so gern mit ihr immer weitergefahren. Bis nach Indien, so wie es für meine Generation noch möglich war. Stattdessen muss sie wieder in die Schule, wo die Läuse noch immer nicht ausgerottet sind.

Herbst. Knöcheltief liegt das Laub. Die Saison der Oberschenkelhalsfrakturen. Aus dem Briefkasten quellen Rechnungen und ungelesene Tageszeitungen, die Krankenkassenprämien steigen, der Krieg geht weiter, und die Swissair wird nie wieder abheben. Vielleicht sollten wir uns in Zukunft mehr auf Alpenrundflüge spezialisieren. Mit der alten Metropolitain, da die Zeit der sinnlosen Interkontinentalflüge sowieso bald vorbei ist. Dafür sind Sofareisen wieder aktuell.

Am Sofa sitzen, von fliegenden Teppichen erzählen, hohen Bergen, vom Khyberpass und den tanzenden Minaretts von Herat. In alten Büchern nachsehen, wie schön Afghanistan früher war. Bevor die Warlords und Barrelheads es in eine Trümmerwüste verwandelt und seine gastfreundliche Bevölkerung zu Flüchtlingen gemacht haben. Auf dem weißen Kamel der Fantasie die großen Sande durchreiten. Am Leben erhalten von einer Kanne marokkanischen Minztees und einer Schale Bio-Datteln aus dem Wyleregg-Laden.

Das Sofa wird zum magischen Schiff, mit dem wir zu den letzten wirklichen Abenteuern schweben, zum fliegenden Teppich. In 80 Tagen um die Welt, bis ich auf den Spuren Jack Londons, eine gewaltige Diddel-Figur im Arm, im Orgelspiel des Nordlichts einschlafe. Im Glauben, der Plüsch-Diddel sei eine Inuit-Prinzessin, welche mich mit ihrer Wärme vor dem Erfrieren rettet, um mir die Freuden der Polarnacht zu zeigen. Und während ich dem Lockruf der Wildnis folge, wird das Stadtbauamt die Kreuzung salzen, weil der Industrieschnee den Asphalt rutschig gemacht hat und die Autos durchdrehen. Unsere Reise auf dem Landweg nach Indien müssen wir wahrscheinlich auf bessere Zeiten verschieben.

Schlafstörungen

Ich liebe populärwissenschaftliche Sendungen zu später Stunde. Zu Zeiten, in denen sich Leute mit einem normalen Beruf schon lange auf der rückenoptimierten Matratze hin und her wälzen oder den ganzen Block mit ihrem Geschnarche terrorisieren. Jüngst sah ich einen interessanten Beitrag über die Entwicklung des Urmenschen zum modernen Steuerzahler mit Schlafstörungen. Was hatte uns nur dazu gebracht, das gesellige Rudelnickerchen unterm freien Sternenzelt gegen den nervösen Halbschlaf unserer Leistungs- und Spaßgesellschaft zu tauschen? Diesem ewigen Bummbumm. Wahrscheinlich war es die Angst vor dem Säbelzahntiger, welche zur Erfindung des Faustkeils, der Lanze und schließlich zum Gebrauch des Feuers führte. Dieser neue Energieträger schützte nicht nur vor der Kälte, sondern hielt auch noch die Wölfe fern. Auch das Mammut ließ sich mit Feuer vortrefflich in die Schlucht scheuchen. Schon bei der ersten Grillparty jedoch dürfte unseren fernen Ahnen klar geworden sein, was sie wirklich wollten: Nur weg von der Büffelscheiße, welche die Savannen düngte. Möglichst hinaus, über den Gefahrenbereich der Mammutstampede. Seitdem haben wir uns Mühe gegeben und den Kapitalismus, die Atombombe und eine bunte Warenwelt erschaffen, ohne die wir meinen, nicht mehr existieren zu können. Das Erdöl löste den Kienspan ab und erschuf den Homo petrolis. Der rare Saft aus der Tiefe hält seitdem den Wirtschaftsmotor am Laufen, welcher uns möglichst weit abheben soll. Würde das Bodenfett eines Tages versiegen, könnten uns die

alten Ängste eventuell wieder einholen, und wir wären plötzlich wieder tiefer gelegt. Mancher würde sich dann fragen,
warum er diesen Stress überhaupt mitgemacht hat, anstatt
auszuschlafen und blauzumachen.

Mission Alpha Centauri

Als sich nach langen dumpfen Zeiten unsere fernen Ahnen, irgendwo in Afrika, auf die Hinterbeine stellten, anstatt mit der Nase in der Büffelscheiße zu wühlen, wussten sie noch nichts von NASA und Mondlandung. Panisch in den Bäumen hängend, starrten sie in Ermangelung einer Glotze des Nachts die Gestirne an. Unten warteten die Hyänen darauf, dass einer im Schlaf herunterfallen möge. Ihnen – wie reife Birnen – direkt in den Rachen. Die Altvorderen wünschten sich nur eines: noch höher steigen! Zu den Sternen.

Diese kollektive Sehnsucht plagt uns heute noch. Sogar unser Lehrer, ein notorischer Kinderverprügler, brach anlässlich der ersten Mondlandung in Tränen der Rührung aus.

Für ihn, einem Jünger Wernher von Brauns, hatte sich ein Traum erfüllt. Endlich konnte der Mensch diese Welt verlassen – deren Ruin mittelfristig feststeht, falls die jetzigen Leithammel nicht bald durch intelligentere Leute ersetzt werden. Leider bombt Amerika – das einzige Land der Welt, das uns technologisch aus dem irdischen Jammertal führen könnte – sich gerade selbst ins 20. Jahrhundert zurück, anstatt mit der Nutzung des Alls als Siedlungsgebiet vorwärtszumachen. Technisch wäre es längerfristig kein Problem, Leute nach Alpha Centauri zu schicken – entnehme ich der Sonntagszeitung.

Der Hinweg dauert bloß fünfzig Jahre, und eine Population von circa hundert Leuten wäre groß genug, dass jeder seine Lebensabschnittspartnerschaften absolvieren könnte und genügend Kinder das Licht der Raumkolonie erblicken würden, um den Fortgang der Mission nicht durch Personalmangel zu gefährden.

Für Singles gäbe es Fickfilme aus dem Silicon Valley, für die Kids *Free Willy.*

Auch das Wasser wäre kein Problem. Man könnte es aus dem Urin rückgewinnen, wenn die ganze Crew diszipliniert in einen Container pinkeln würde. Statt Beefsteak und Artischocken gäbe es Quorn aus Fadenpilzen oder aber aus Wasser und Düngemittel gezogene Süßkartoffeln. Tiefgefrorenes Chinapoulet würde den Speiseplan ergänzen. Da ist das Antibiotikum schon drin, falls jemand krank würde. So lassen sich beim Gewicht der Bordapotheke trefflich Kilos sparen. Wir Eidgenossen passen sowieso eher in die Milchstraße als zu den Sternen Europas. Das sieht man ja schon an *Gold Simmi.* Im Thermomantel ähnelt er einer Mischung aus Flash Gordon und Harry Potter.

Hoffentlich stellt die NASA auch für die Zivilisten genug Raumschiffe zur Verfügung, wenn das letzte Öl abgefackelt ist. Sonst müssten wir mit unseren Carepaketen wieder auf die Bäume flüchten und psychotisch die Sterne anheulen. Wahrscheinlich sind wir nur ein Raum und Zeit durchtrottelnder, planetenfressender Virus, der doch wieder nur auf seinesgleichen treffen dürfte.

Auf der Suche nach Schwabing

Um wenigstens einmal außerhalb des Reservats aufzutreten, spielten wir jüngst in München auf. München ist zwar schön, trotzdem gefällt es mir nicht. Zu monumental, zu sauber. Und so steril, dass man sich am Gehsteig den Blinddarm operieren lassen könnte, ohne dabei eine Sepsis zu riskieren. Fast vermisste ich die heimischen Tags und Sprayereien. Sie lockern auf, wenn sie schon nicht verschönern.

In München hingegen fehlt sogar das. Ich hatte das Gefühl, ich sei in Pjöngjang (Nordkorea). Nur gibts dort keine Weißwürscht, BMWs und Nobelboutiquen. Gut, München schmückt sich mit der kolossalen neuen Pinakothek (die mir auch nicht gefällt). So ein gigantisches Museum könnten wir uns bei unseren Bodenpreisen gar nicht leisten. Und wenns schon mal ein neues Museum gibt, wie das Klee-Museum, dann ist es wenigstens unterirdisch. Die Einförmigkeit der Münchner Nachkriegsarchitektur verstärkt sich noch ins Unerträgliche, durch die ewige Abfolge von Gucci – Prada – Kebab. Obwohl Gucci – Prada auch bei uns schon große Teile der Innenstadt in eine tote Zone verwandelt hat, wirkte Bern nach meiner Rückkehr wie ein bunter Weihnachtskalender auf mich.

Zum Glück ist unsere Stadt im Gegensatz zu München vor Luftangriffen verschont geblieben, obwohl bei uns seit dem Mittelalter nicht viel Gescheites gebaut worden ist, denke ich mir auf dem Balkon sitzend, während ein Flugzeug dröhnend das Himmelsquadrat unseres Innenhofs passiert.

Insgeheim fürchte ich, so ein Flieger könnte einmal versehentlich in den Münsterturm krachen, und die Bauerei ginge von vorne los. Zum Glück landen die großen Brummer in Zürich. Zürich passt eher zu München. Zugegeben, die Schwabinger Schickimickiszene ist weltberühmt, doch ich habe keinen einzigen Promi zu Gesicht bekommen. Nicht mal Mosi (Mooshammer) mit seinem Pinscher oder Uschi Glas. Ich suchte stundenlang im Regen Schwabing, obwohl ich schon lange in Schwabing war, welches ja das Künstlerviertel in München sein soll.

Im *Café des Pyrénées* treffe ich wenigstens ab und zu Polo, oder von der Terrasse der *Drei Eidgenossen* aus kann ich Alex Tschäppät auf seinem BMW-Roller um die Ecke düsen sehen, während ich meinen indischen Brusttee inhaliere. Ab und zu sieht man sogar Ursula Andress, obwohl die ja eigentlich aus Ostermundigen stammt.

Dort kaufte ich ein, bevor es mir so richtig verleidete, weil einem dort die Verkäufer regelmäßig das Sixpack auf die Butterstängeli und die Erdbeeren werfen. In einem ähneln sich Bern und München aber trotzdem. Hüben wie drüben fehlt es an öffentlichen Toiletten. In meine ehemalige Lieblingstoilette am Nordring ist ja mittlerweile auch schon ein Kebab-Take-away eingezogen.

Kalahari Grün

Früher genügte schon langes Haar, um als Haschfixer verdächtigt zu werden. Kiffen galt als subversiv. Weil guter Hanf Mangelware war, experimentierte man eben mit Muskatnuss, getrockneten Bananenschalen oder stopfte sich gar die gedörrten Zweige des letztjährigen Christbaums in die Pfeife. Das gab aber höchstens Bibeli auf der Zunge.

So begnügte man sich mit dem Fabulieren über so legendäre Stoffe wie Roter Libanon, Schwarzer Aghan, Weißer Tempelshit oder Zen-Zero. Das war meistens schon abendfüllend. Allzu oft musste man sich aber mit dem Mafiaprodukt Kalahari Grün bei Laune halten. Diese Sorte hatte den THC-Gehalt eines Dachziegels, und es blieb der eigenen Fantasie überlassen, ob man von diesen gepressten Hennabarren stoned sein wollte oder nicht. Die Dealer waren noch Märchenerzähler. Wahre Hohepriester der eingebildeten Ekstase. Heute sind diese ulkigen Originale arbeitslos. Mit ihnen ist eine ganze Subkultur in der Rumpelkammer der Geschichte gelandet. Gegen die Konkurrenz des modernen, industriell produzierten Duftchüssis hatten die vorprohibitären Haschimitate keine Chance. Die scheinbare Freizügigkeit der letzten Jahre hat den alten Kifferzauber zerstört, denke ich wehmütig, während ich meine selbst gebastelten silbrigen Hanfblätter in die Festtagstanne hänge. Wer fährt denn heute noch nach Amsterdam, um sich die Plateauschuhe mit Kamelscheiße zu stopfen? Höchstens Romantiker.

Als sich die Drogenpolitik noch auf die Hippiejagd und das Ausreißen von Hanfsetzlingen beschränkte, sah man mancherorts noch die neckischen Triebe des indischen Vogelfutters zwischen den Geranienkisten sprießen. Doch dieser alternativen Stadtbegrünung wurde ein Ende gemacht, weil das seit der Scheinliberalisierung allgegenwärtige Indoorkraut hundertmal stärker ist als die Blätter der gemeinen Jazzbrennnessel. Das hat zu einer Verarmung des städtischen Blumenschmucks geführt. Welcher hobbygärtnernde Haschbruder lässt sich denn schon freiwillig auf Geranien umschulen? Doch höchstens auf Suufbrüederli, aber die fahren ja auch nicht ein. Da könnte man ja grad den Kopfsalat aus dem Wylereggladen rauchen.

Der heutige Hanf hat zwar an Potenz gewonnen, die Poesie ist jedoch dahin. Die Kiffer sehen aus wie Bankangestellte und dampfen wie die Bürstenbinder hochpotenten Laborkiff, von dem wir alten Hascheulen zum Glück nur träumen konnten. Von Bewusstseinserweiterung keine Spur. Dafür die ganze Nacht nur bum, bum! Bis man die eigenen Handynummern vergisst.

Zu Weihnachten wünsche ich mir statt der Scheinliberalisierung eine Scheinprohibition und sehne mich nach der guten alten Zeit, wo ein Hanfwedel zwischen den Stiefmütterchen noch einen Polizeieinsatz provozierte. Es war einfach spannender und gesünder.

2003

Unser Abwart, ein begeisterter Gartensitzplatzgärtner, meinte, es handle sich um harmlose Waldkakerlaken aus dem Kompost. Ein Zeichen ökologischer Gesundheit. Mich aber beängstigten die Käfer. Ich hielt sie für außerirdische Invasoren. Eine militärische Reaktion der Aliens auf die Verletzung des marsianischen Hoheitsgebietes durch die unbemannte Raumfahrt. Für erste Vorboten des Grauens, welche insgeheim Strommasten umnagten und so Nordamerika und Italien energietechnisch zeitweise ins Steinzeitalter zurückversetzten. Diese Gedanken machte ich mir, währenddessen das Stadtbauamt bei uns im Nordquartier die alten, brüchigen Gasleitungen ersetzte. Weil in der letzten Zeit in Bern einige Häuser zu viel in die Luft geflogen waren. In der holländischen Provinz Gelderland brach die Geflügelpest aus. Über 20 Millionen Hühner mussten Federn lassen. Staatstrauer in meinem Tiefkühlfach. Doch das Federvieh schlug zurück und infizierte als Rache für den Massenmord die Schweiz auf politischer Ebene. Die Partei mit dem gerupften Huhn im Banner legte nämlich kräftig zu und legte uns mit Bundesrat Christoph Blocher ein Ei ins Nest, welches sich seither, kaum geschlüpft, bei jeder Gelegenheit kräftig aufplustert. Kein Wunder, verging mir allmählich die Lust an gebratenen Hühnerkeulen. Den ganzen heißen Sommer über hielt ich mich mehr an Büchsenfleischkäse. Dazu guckte ich Irakkrieg 2 und Musikantenstadl. Um mich innerlich von der vermeintlichen Küchenschabeninvasion in meiner Wohnung abzulenken.

Clowns statt Klone

Weihnachten hatte mich emotional wieder einmal aufgewühlt. Die Erwartungshaltung kommt automatisch. Stimuliert von der Weihnachtsbäckerei, dem Lichterschmuck und dem Geleier der Heilsarmee. Zu sehr hat sich seinerzeit der ganze Klimbim als Wunscherfüllungsritual in unsere kindlichen Gehirne gebrannt, als dass wir heute als Erwachsene dieser absurden Konsumorgie Einhalt gebieten könnten. Wenn man schon selber selten das kriegen konnte, was man wollte, so sollten es wenigstens die Kinder schön haben. Obwohl es am Heiligen Abend eher aussah wie im April. Die Landschaft wie aus dem Kompost. Ein Haufen dampfender Humus. Keine Spur von weißer Weihnacht. Trotzdem gelang es mir, hinter heruntergelassenen Rollläden, mittels der beleuchteten Nordmanntanne und der Christmas-Version des *Ketchup-Songs*, so etwas wie eine Notweihnachtsstimmung herbeizuzaubern. Das Christfest ist einfach nicht totzukriegen. Trotzdem war ich froh, als ich nach der Bescherung endlich wieder meine Jalousien hochziehen konnte.

In der Altjahrswoche statteten wir noch den Wildsauen im Tierpark einen Besuch ab. Offenbar mussten einige unserer geliebten Borstenviecher über die Feiertage auf der Schlachtbank Platz nehmen. Von der ehemals vielzähligen Rotte waren nur noch drei Säue anzutreffen. Außerdem vermissten wir die schnatternde Schar der weißen Gänse, gleich neben dem Kinderspielplatz.

»Änteli!!?«, deklamierte der Kleine mit bebender Unterlippe (für ihn sind alle Wasservögel »Änteli«). Ich erklärte ihm, dass seine »Änteli« alle irgendwo Weihnachten feiern würden. Bei Papa und Mama. Da könne es ihnen ja nur gut gehen.

Um weiteren Fragen auszuweichen, schob ich den Kinderwagen schneller Richtung Marzili, wo ich den Passat geparkt hatte. Nach einiger Zeit war der Wonneproppen eingeschlafen. Er sah aus wie das Jesulein, dessen Geburt wir gerade erst vor zwei Tagen gefeiert hatten. Zur gleichen Zeit soll in Amerika, als PR-Gag einer durchgeknallten UFO-Sekte, der erste Mensch geklont worden sein. Ihr Oberguru sieht aus wie eine Mischung von Uriella und Perry Rhodan und hat als Kind wahrscheinlich zu viel Raumschiff Orion geguckt. Mittels Klonen wollen diese UFO-Tritzen unsterblich werden und dann ins All abdüsen, um dort 100 000 Jahre lang auf dem ewigen Weg zu fremden Galaxien ihre bleichen Nasen an der zehnfachen Verglasung der Raumkapsel platt zu drücken. Am Leben erhalten von ein paar Mars-Riegeln.

Wozu denn die Amis klonen?, dachte ich mir, die US-Botschaft passierend. In ihren *Du schaffst es!*-Filmen sehen die ohnehin alle gleich aus.

Vielleicht klonen die in Amerika schon länger. Der jetzige Präsident ist seinem Vater ja auch wie aus dem Gesicht geschnitten. Denken tut er sogar noch gleicher als sein Senior. Zum Glück habe ich noch selbst gemachte Kinder, die sind zwar manchmal Clowns, aber dafür keine Klone.

Nassrasur

Bei der gespannten Weltlage könnte es gefährlich sein, unrasiert herumzulaufen, dachte ich mir, während ich versuchte, mir meine Bartstoppeln aus dem Gesicht zu kratzen. Eigentlich wollte ich ja aufhören, stattdessen steigt mein Zigikonsum von Resolution zu Resolution. Die Marke Parisienne signalisiert wenigstens meine Verbundenheit mit dem Kontinent, welcher von den Texanern nur noch »das alte Europa« genannt wird. In Amerika ist ja jede Form des Raucheinatmens verboten. Außer es handelt sich um Auspuffqualm. Bin Laden hat Bush in seinem letzten Video als Idioten bezeichnet. Das würde ich nie tun. Sonst meint der CIA noch, ich sei ein Anhänger dieses fanatischen Bartträgers. Nur weil ich dem gefährlichen Saudi bezüglich des Texaners nicht wirklich widersprechen könnte. Solches überlegte ich mir, während die Klinge blutige Schneisen über mein Doppelkinn zog, sodass ich nach der Rasur aussah wie Stars and Stripes. Die Amis würden doch glatt den Krieg verlieren, bräche der Rasierschaumnachschub zusammen. Sie könnten nicht mehr zwischen Freund und Feind unterscheiden. Einige Spritzer Pitralon ließen mich nach diesem Gedanken vier Sekunden lang gelähmt dastehen, bis sich der Schmerz allmählich verabschiedete und mein Gesicht die Färbung eines gesunden Pavianarsches annahm.

Nach der Körperpflege wäre es Zeit, wieder einmal das Auto zu waschen, durchfuhr es mich. Dann wäre alles sauber.

Als ich nichtsahnend in die Warteschlange der Waschanlage hineinfuhr, war es auch schon zu spät zur Flucht.

Ein hässlicher Hiunday mit dem Aufkleber »Ich bremse für Tiere« blockierte mich von hinten. Dieses irritierende Bekenntnis taxierte ich aus dem Augenwinkel, als ich im Begriff war, den Pariser für meinen Heckscheibenwischer zu holen. Außer meiner Dreckbeule warteten sonst nur blitzsaubere Autos auf die Wäsche. Für viele Leute scheint Autowaschen ein Hobby zu sein. Ein spirituelles Erlebnis, ähnlich dem Rasenmähen in den Chalet-Reservaten. Eingelullt vom mobilen Geplapper der benachbarten SEAT-Fahrerin, nickte ich kurz ein und schreckte erst durch das Gehupe des Tierfreundes hinter mir wieder hoch. Entnervt startete ich den Passat, um mich einen halben Meter vorwärts zu schieben. So ging das noch eine halbe Stunde weiter, bis endlich meine Unterbodenwäsche dran war. Wenn einem so der Kübel schamponiert wird, fühlt man sich total entspannt. Wie im Bauch der Mutter. Ein Zustand, der alle Sinne schärft.

Sofort kam mir der Gedanke an Sex, den ich aber wieder fallen ließ. Allein macht es ja doch keinen Spaß. Stattdessen stecke ich mir eine Zigarette ins flammende Gesicht und war froh, dass ich, den Bürsten entronnen, endlich wieder das Fenster aufmachen konnte. Weil man als Kettenraucher in der Autowaschanlage nur zwei Alternativen hat: ersticken oder ersaufen.

Naturverbunden

Die meisten Menschen halten sich für naturverbunden. Einige sind sogar so naturgeil, dass sie über Tausende von Kilometern zu den letzten Paradiesen jetten. Um die Bonobo-Schimpansen beim Gruppensex zu filmen oder dem Gequietsche der letzten, von Hollywood verblödeten Orkas zu lauschen. Diese kleine, aber gut betuchte Gruppe von kerosinbetriebenen Naturschwärmern findet man auch bei uns. Denen ist unsere eigene Natur zu langweilig geworden.

Viele träumen aber auch nur vom verdichteten Leben in der autofreien Siedlung, für welche man allerdings noch nicht einmal das Bauland gefunden hat. Sie sehnen sich nach mehr Platz für ihre *Free Willy*-Poster, Biotope und Golden Retriever, welche systematisch zu Vegetariern umprogrammiert werden.

Ganz anders der Naturbursch, der auf Interkontinentalflüge verzichtet und das Verschwinden der Natur dadurch bewältigt, dass er im rustikal karierten Flanellhemd mit dem Landrover seinen Wochenendgaul über die Autobahn schleift.

Nur unwesentlich besser in der Ökobilanz flüchtet der Mountainbiker in die Natur. Er scheucht das Wild auf und vertreibt in rasanter Talfahrt die letzten konventionellen Redsocks auf die unmarkierten Pisten. Am umweltverträglichsten sind halt immer noch Naturhasser wie ich. Ich bin mit meiner kleinen Mietwohnung völlig zufrieden und gebe mir den Regenwald am TV. Vor dem Bildschirm vertreibe ich keine Gämsen und entsorge gleichzeitig, zweifellos ökologisch, den genmanipulierten Agrarmüll aus dem Supermarkt, damit dieser, anstatt den Kompost zu belasten, direkt in die Müllverbrennung gelangt.

Mit meinem Auto bleibe ich meistens auf der Autbahn. Da walze ich wenigstens keine wertvollen Mikroorganismen platt.

Der Bahnhof ist die Seele einer Stadt

Bahnhöfe faszinierten mich schon als Kind. Oft schwänzte ich die Schule, nur um Züge zu beobachten.

Das gab mir die Hoffnung, Klagenfurt eines Tages verlassen zu können. Dieses geistige Stalingrad, welches sich bis heute jeder Entnazifizierung entziehen konnte. Sonst wären ja Typen wie Jörg Haider gar nicht möglich.

Allein die Option, den nächsten Zug zu besteigen, machte mir das Dableiben erträglich. Am liebsten wollte ich *Sandler* werden. Das sind die Stadtstreicher, welche häufig auf österreichischen Bahnhöfen anzutreffen sind. Man erkennt sie von Weitem an der obligaten Bierflasche. Solange sie nicht störten, tolerierte man sie. Vielleicht, damit sich die Normalos besser fühlten, wenn sie am Morgen zur Arbeit hetzten, um sich acht Stunden lang in irgendeinem Bürosessel den Hintern für das Wirtschaftswunder platt zu drücken. Zum Glück führte mich aber meine Lebensreise entlang des Schienenstranges fort aus Klagenfurt. Über Villach nach Rom, Wien und schließlich nach Bern. Hier tauschte ich meinen Schlafsack gegen eine Dreizimmerwohnung. Hier fühle ich mich zu Hause und zahle meine Steuern.

Wenn mich heute manchmal das Fernweh packt und ich meine Verwurzelung schmerzhaft in der Seele spüre, gehe ich zum Bahnhof und suche die Poesie der Geleise, welche einst Mani Matter zu seinem großartigen Lied über den Bahnhof inspirierte, »wo dr Zug geng scho abgfahre isch oder no nid isch cho«.

Bahnhöfe sind die Karawansereien der Moderne. Der Ort, an dem sich zwangsläufig alle treffen. Die Wegfahrenden, die Ankommenden und diejenigen, die den letzten Zug längst verpasst haben und bei denen das Warten zur Reise geworden ist. Diese windschiefen Gesellen, denen ich mich seelisch verwandt fühle und die in einer humanen Gesellschaft genauso ihren Platz haben müssen. Wir können uns schließlich unfähige Politiker leisten. Manager, die menschlich und fachlich so unterbelichtet sind, dass sie Kurse in sozialer Kompetenz nehmen müssen, und die trotzdem so lange in ihren Sesseln kleben, bis sie von selber durch den Plüsch faulen.

Nur die paar Alkis sollen untragbar sein.

Der Bahnhof ist die Seele einer Stadt. Als guter Steuerzahler und Bahnkunde zahle ich gerne für die Biertrinker mit. In einem menschengerechten Bahnhof sollte man sitzen können, wenn man müde ist. Ein Glas Wasser erhalten, wenn man durstig ist, und seine Notdurft menschenwürdig verrichten können.

Auch wenn man kein Münz im Sack hat.

Von Altöl,
Schmelzbrötli und Emmentaler

Zurück aus Deutschland. Mit flauem Magen wegen des Irakkrieges, der wohl allen schlaflose Nächte bereitet. Die Vorstellung, wie es wäre, anstatt zu Hause in Bern jetzt irgendwo in Bagdad zu sein und die Kinder einpacken zu müssen, um dann in irgendeiner Tiefgarage, im Altöl liegend, auf die Bomben zu warten, macht mich so unbeschreiblich wütend.

Vielleicht rührt die Verstimmung aber auch von der Käseplatte vor dem Konzert in Konstanz. Deutschland ist ja nicht nur das Land des Friedens, sondern leider auch das Land der tausend Käsesorten, die irgendwie alle gleich schmecken. Wie unser Emmentaler.

Ich habe den dumpfen Verdacht, dass es sich um ein und dasselbe Produkt handelt. Vielleicht spritzen die Deutschen unseren Käse auch nur um.

Das Gefühl der Völle ließ mich schließlich die Körperwaage besteigen, welche schon seit Wochen nicht mehr in der Lage ist, die Erdanziehungskräfte, denen ich ausgesetzt bin, objektiv anzuzeigen. Die Skala endet bei 120 Kilo.

Was darüber hinausgeht, zirkuliert seither in Horrorträumen als Ankenmödeli durch meine Adern. Irgendwie kam mir plötzlich der Polizist aus Santa Teresa di Gallura in den Sinn, der in die Frühpension gehen musste. Nur weil er nicht mehr in den Cinquecento passte. Plötzlich spürte ich so etwas wie Widerstand in mir aufkeimen, und der Rat meiner Ärztin, meinem Leben eine sportliche Komponente zu geben, schoss mir ins Bewusstsein.

Sport tut ja immer gut. Deswegen habe ich mir auch den kleinen roten Sportwagen gekauft, der allerdings noch etwas knapp sitzt. Nach der ersten Spritztour fühlte ich mich wie ein Schmelzbrötli. »100 Kilo sollte doch genug sein!«, schimpfte ich mein Spiegelbild. Andere Leute haben ja auch abgespeckt. Zum Beispiel Karl Lagerfeld. Der sieht jetzt aus wie Whitney Houston. Oder Taufa'ahau Tupou IV. (König von Tonga). Der hat es sogar von 200 auf 130 Kilo runtergeschafft. Jetzt ist er immer noch so gewichtig wie ich. Neben dem hätte ich ja ausgesehen wie der Lagerfeld neben mir. Wenn der King of Tonga wieder in sein Kanu passt, dann müsste ich es doch auch schaffen, in meinem Roadster Platz zu haben.

Hoffentlich werde ich nicht magersüchtig, denke ich mir, während sich trotz CNN ein kleines Hüngerchen einschleicht. Was ich indes im Frigo vorfinde, ist bloß ein Gefrierhuhn älteren Semesters und ein Stück beleidigter Emmentaler. Voll Wehmut gedenke ich des Emmentalers meiner Jugend. Er ist verschwunden, seit er sich als 08/15-Produkt in den Regalen bläht.

Ein voller Kühlschrank
vermittelt das Gefühl von Sicherheit

Der Wetterumschwung kam plötzlich.

Während kurz vorher noch die blinkenden Lichter von Grindelwald grüßten, so fand ich mich wenig später verzweifelt im Schneesturm.

Die Eiger-Nordwand bombardierte mich mit Granit- und Eisbrocken. Als ob sie mich wie eine lästige Sackratte abschütteln wollte. Ein Fels traf den Haken, an dem ich mein luftiges Nachtlager eingeklinkt hatte. Ich stürzte mit aufgeblähtem Goretex talwärts. Wäre ich doch rodeln gegangen, dachte ich mir, aufs Oberland fluchend, als ich der Kleinen Scheidegg entgegenraste ...

Zum Glück war der Aufprall nicht tödlich. Schweißnass erwachte ich auf dem Teppichboden. Der Junior hatte mich wieder einmal aus dem Bett geschmissen. Der Temperatur meines Allerwertesten nach musste ich einige Stunden über dem Abgrund gehangen sein. Er fühlte sich kalt und tot an. Wie ein rohes Poulet. Vögel dieser Gattung werden bei mir uralt, weil sie roh ungenießbar sind. Wahrscheinlich kaufe ich diese Dinger nur zur Dekoration. Weil mir ein voller Kühlschrank in diesen Krisenzeiten ein Gefühl von Sicherheit vermittelt. Nach einer Parisienne unter der Dunstabzugshaube kam mir die Erkenntnis, dass mir der Siegeslauf der Alinghi eiskalt am Arsch vorbeigeht. Ein einzelner Milliardär, der eine Regatta gewinnt, vermag meine Meinung über diese Berufsgattung nicht zu ändern.

Während ich mir am Kühlschrank lehnend einen weiteren Sargnagel reinzog, kam mir einmal mehr die verzwickte

Weltlage in den Sinn. Die Amis, die jetzt ihre Rüstungsindustrie ankurbeln müssen, weil ihre Stahlwerke aussehen wie in Rumänien. Auch Bill Gates' Idee vom intelligenten Kühlschrank ist Gott sei Dank nicht das Gelbe vom Ei. Sonst würden die Amerikaner am Ende noch einen Frigo zum Präsidenten wählen.

Zum Glück gibt es aber auch Lichtblicke. Wie den friedlichen Verlauf des antifaschistischen Abendspaziergangs. Polizeidirektor Kurt Wasserfallen ist zu Hause geblieben und hat für einmal die Klappe gehalten. Die Welt könnte besser schlafen, würde der Texaner es ihm gleichtun. Anstatt andauernd die Achse des Bösen zu wittern, sollte er sich besser ein Bierchen gönnen, um seine flatternden Nerven zu beruhigen.

Während dieser Gedanken fiel mir der strenge Geruch auf, der meinen Achseln entströmte. So beschloss ich zu duschen. Egal ob Fa oder Antifa – ich verwende seit Jahren nichts anderes als Kernseife, klares Wasser und Pitralon zur Körperpflege.

Rauchen für den Frieden

Während ich meine verfärbten Hauer in eine dieser mit Schinken, Majo und Büchsenspargel gefüllten, riesigen Brezeln aus der Bäckerei Bohnenblust schlage, morsen unsere knatternden Antikriegsfahnen am Küchenbalkon dem benachbarten Verwaltungsgebäude unseren Friedenswillen.

Der Krieg ist schon drei Wochen alt, doch das Gemetzel hat gerade erst angefangen. Die Krieger dürfen ihr dummes Bubenspiel aus der Rumpelkammer der Evolution spielen, obwohl die Mehrheit der Menschen dagegen ist. Diese lieben nämlich ihre Kinder, Hunde und Autos. Die Berge, Schoggi, Käse und den Wein. Die Musik, den Fußball und die Glotze. Vor allem aber lieben sie nach dem beschissenen 20. Jahrhundert den Frieden. Kein Wunder, kommen einem angesichts des galoppierenden Wahnsinns plötzlich, wie aus dem Nichts, die Gedanken ans Endliche. Eine verkeilte Salzbrezel im präsidialen Schlund hätte womöglich den Lauf der Weltgeschichte geändert. Ob das besser gewesen wäre, ist jedoch fraglich. Unter dem Vize hätten wir womöglich schon den atomaren Konflikt, und ich hätte den Plan zur Rauchentwöhnung wohl endgültig fallen gelassen, weil wir nämlich auf einmal alle ziemlich viel kränker wären. Neben den Folgen eines nuklearen Fallouts wäre meine Sucht ja geradezu putzig. Trotzdem beschloss ich bei mir, meine Sargnägel in Zukunft von Parisienne in Freedom-Death umzubenennen. Nicht weil ich dem alten Europa meine Liebe gekündigt hätte, sondern weil sich Frau M. B. aus Schüpfen tatsächlich fragt, wie viel ich an Tantiemen von der Tabakindustrie dafür kassiere, dass ich mich systematisch mit meiner Lieblingsmarke um die Ecke bringe. Solchen Verdacht muss ich weit von mir weisen. Zurzeit rauche ich aus rein pazifistischen Gründen mit Millionen anderer Menschen vor dem Fernseher gegen den Krieg an. Der Erlös kommt direkt der AHV zugute.

»Typische Ersatzhandlung für das Saugen an der Mutterbrust«, kommentierte eine befreundete Psychologin jüngst gnadenlos mein Tun. Meinen neuen japanischen Occasions-Roadster (im Moment übe ich immer noch das Einsteigen) bezeichnete sie knochenhart als »Penisersatz«.

»Ja, ja, rot, schnell, klein!«, gab ich gereizt zurück, »immerhin hält mich das Cabriofahren vom Rauchen ab.« Seitdem hirne ich über alternative Sportarten nach. Eine Möglichkeit böte sich zum Beispiel im japanischen Sumokampf. Da könnte ich das Angenehme mit dem Nützlichen verbinden. Völlerei gekoppelt mit hartem Training. Nur sind die gewichtigen Sumoka alle Brocken wie der US-Hawaiianer Akebono, der momentan als der beste Kämpfer in dieser japanischen Sportart gilt. Als vergleichsweise schmächtiges Bürschchen, das noch immer in ein japanisches Sportauto passt, würde ich im Kampf der Kolosse ohnehin den Kürzeren ziehen.

Mehr Hunde als Kinder

In der ganzen Altstadt gibt es gleich viele Beerdigungsinstitute wie gute Restaurants. Plagt mich der Hunger, so bin ich im *Café zur alten Post* anzutreffen. Sollte ich das Zeitliche segnen, wird mich wohl der Egli holen. Ab und zu schiebe ich mir dann noch im *Pöstli* ein halbes Pferd mit Pommes frites rein und trinke danach bei *Adrianos* oder in den *Eidgenossen* meinen Espresso. Damit ist für mich die Palette aber auch schon fertig. Die Altstadt kann man mittlerweile als entortet bezeichnen.

Die meisten guten Fachgeschäfte sind vor den horrenden Mieten geflüchtet. Für eine passende Schraube mit Beratung fährt man mittlerweile nach Münchenbuchsee. Vom Zytglogge abwärts hat es nur wurmstichiges Gerümpel, Orientteppiche (mehr als in Bagdad), Duftschalenkitsch (den man uns noch am Weihnachtsmärit unter die Nase reibt, weil man den ganzen Ramsch übers Jahr nicht loswerden konnte) und Rahmengeschäfte. Dieses Quartier scheint nur noch von Einrahmungen zu leben.

Da gäbe es höchstens noch den Kinderbuchladen oder das Modelleisenbahn-Geschäft in der Rathausgasse oder den alten Heugel mit seinem überlagerten Käse, die einen noch zu einer Shoppingtour verleiten könnten. Dieses antike Stück Stadtfläche ist nicht nur geschäftlich tot, sondern auch sozial. Es hat mehr Hunde als Kinder und taugt höchstens noch zum Besäufnis. Solch öde Stimmung begünstigt den Vandalismus. Gegen die dumpfen Typen, die unsere Stadt vollkotzen und vollpissen und die im Suff unsere schönen neuen Tramstationen zerstören, nützen auch Tränengaseinsätze nichts. Auch sind die meisten Sprayereien nicht politischer, sondern pubertärer Natur. Wieder so eine Scheißmode aus Amerika.

Bern ist mit Sheriff Kurt Wasserfallen nicht sicherer geworden, obwohl er auf alles feuert, was sich bewegt. Mit solcher Taktik mag man den Platz des Himmlischen Friedens leer fegen können, gegen die Auswirkungen einer fehlgeleiteten Stadtentwicklung hingegen ist sie wirkungslos. Gott sei Dank steht Kurt mittlerweile auch der Feuerwehr nicht mehr vor, obwohl das gut zu seinem Namen passte. Sonst würde ich am Ende nur noch im Neoprenanzug auf dem Balkon rauchen. Wasserfallen hätte womöglich noch die Stadt geflutet, wegen der Kiffer. Das dacht ich mir jüngst, als ich als Promifahrer der Berner Renntage in einer Seifenkiste den Klösterlistutz hinunterraste. Es war ein echtes soziales Erlebnis, im Unterschied zum Abendverkauf. Der Kurs stellte zwar zur Gaudi des Publikums enorme Anforderungen an Mensch und Material, trotzdem lohnte sich das Risiko. Auch wenn ich mit dem Velohelm aussah wie Obelix im Kampfwagen.

Auf den Spuren des Franz von Assisi

Das Balkongrün befindet sich bereits im Stadium der Versteppung, und die Ameisen blasen zum Sturm auf unser Zuhause. Nichts hält sie mehr auf. Nicht einmal die toxischen Produkte der Firma Bayer.

Dieses Getier zieht erst wieder ab, wenn die Winterstürme durch die kahlen Gassen heulen. Zudem hatte ich gestern in der Küche eine riesige braune Kakerlake entdeckt, welcher ich mit meinem Campinggummihammer den Garaus zu machen versuchte. Mich schüttelte das nackte Grauen bei der Vorstellung, es könnte sich bei diesem Vieh nicht nur um ein Einzelexemplar, sondern um eine Späherin einer millionenstarken Invasionsarmee handeln. Aufgeschreckt von den Aushubarbeiten (zwecks Graugusserneuerung), könnte diese biblische Plage, Pest und Cholera verbreitend, unsere bescheidene 3-Zimmer-Verkehrsinsel besiedeln. Diese ist zwar teuer, lärmig und vom Ausblick her unattraktiv, wird jedoch wöchentlich von einer Fachkraft liebevoll gereinigt und gepflegt.

Vielleicht nehmen die Insekten auch nur wegen des Klimawandels überhand, dachte ich mir resigniert, als ich fortfuhr, den ekligen Käfer mit meinem Hammer platt zu klopfen. Weil dieser immer noch nicht perdu war. Den Reklamationen der Anwohner nach (wegen des angeblichen Baulärms in meiner Wohnung) musste ich einige Stunden wie in Trance auf den Schädling eingeprügelt haben. Dabei kann ich nicht einmal mit Gewissheit sagen, ob ich das Vieh auch wirklich erledigt habe oder nicht. Als ich nämlich, nach kurzem Verlassen des Raumes, wieder zum Tatort zurückkehrte, um dem Schädling den Rest zu geben, war die behämmerte Küchenschabe weg. Ob aus eigener Kraft oder durch ein Bergungskommando, weiß ich nicht. Auf alle Fälle stand ich kurz davor, meinen alten Schwarzpulvercolt von der Wand zu reißen, um dem Käfer mit einer Ladung Blei das finale Loch in seinen blöden Panzer zu stanzen. »Es ist bloß die Hitze … bleib ruhig, Endo!«, intervenierte die Vernunft. So blieb das gefährliche Dekorelement an der Wand. Dafür hatte ich eine schockartige spirituelle Erleuchtung. Ich entdeckte an mir selbst, beim Rasieren, gewisse insektenähnliche Züge. So beschloss ich, was mein Verhältnis zu den Kreaturen der Schöpfung betrifft, künftig den Weg des Franz von Assisi zu beschreiten und Bayer zu boykottieren. Selbst wenn unsere Hütte eines Tages den Termiten zum Fraß gereichen oder es auf dem Balkon, aufgrund der anhaltenden Hitzewelle, von Klapperschlangen und Skorpionen nur so wimmeln würde. Philosophisch geläutert und dennoch leicht angeekelt, entschloss ich mich zu einer kleinen Cabriofahrt. Zur Autobahnraststätte Grauholz. Dort fühlte ich mich wenigstens sicher vor der Natur.

Zweifel statt Psi-Phänomen

Kaum hatte sich das schnittige japanische Blech mit mir röchelnd in Bewegung gesetzt, ging es mir auch schon besser. Der Fahrtwind erfrischte, angesichts der in meiner Wohnung wimmelnden Insektenplage. Der Gedanke an die Kakerlake ließ mich schaudern. So katapultierte ich meine phallisch rote Blechrakete im zweiten Gang bis zur erlaubten Höchstgeschwindigkeit von Tempo 60. Das sorgte zwar kurz für enormen Schub, war jedoch von infernalischem Lärm begleitet. Mit dem roten Cabrio und dem neuen James-Dean-Schnitt hoffte ich, den Nachbarn einen dynamischen Eindruck zu machen. Damit kein Mensch auch nur im Entferntesten meinen könnte, so ein flotter Typ wie ich hätte zu Hause ein ernsthaftes Schädlingsproblem, welches eines Tages die Nachbarliegenschaften zum Einsturz bringen könnte. Weil nach den Ameisen und Kakerlaken sicher als Nächstes schon die Termiten in den Startlöchern warten. Resigniert stellte ich fest, dass meine schweifenden Gedanken immer wieder exakt an jenem Ort landeten, dem sie entfliehen wollten. Nämlich bei der Kakerlake in der Küche und den sicher schon lauernden Termiten. Ich hoffte insgeheim, diese tropischen Betonfresser mögen sich zuerst über die benachbarte Lang-hoch-breit-Architektur hermachen.

Nach meiner Rückkehr staunte ich nicht schlecht. Das Horrorvieh war wieder da. Aber nicht allein. Jetzt waren sie zu zweit und morsten sich am Küchenboden mit ihren Antennen geheime Botschaften zu. Wahrscheinlich über mich.

Mich erinnerte das Ganze an die Szene, in der E. T. nach

Hause telefonieren will. Geistesgegenwärtig stülpte ich zwei Gläser über die geheimnisvollen Käfer. Sie morsten unter dem Glas weiter, und ich raste ins Wohnzimmer, um den Colt zu holen. Der ist zwar ungeladen, sein Knauf jedoch ist härter als der Gummihammer. Als ich zurückkam, war die eine Schabe, auf mysteriöse Art, zur anderen gezügelt, sodass das eine Glas leer war. Fieberhaft suchte ich die Kamera, um dieses einmalige Phänomen für das Lokalfernsehen zu dokumentieren. Als ich zurückkam, waren beide Viecher weg. So konnte ich nur noch die leeren Gläser filmen. Telebern zeigte kein Interesse. Auch *Blick* und *Bernerbär* haben sich bisher nicht gemeldet. Vielleicht ist es besser so. Begegnungen mit Außerirdischen behält man besser für sich. Wo sie sein mögen, fragte ich mich, als ich später, auf dem Balkon sitzend, in die Sterne starrte.

Bei Erich von Däniken, im Mysterypark? Ich maß dem Knirschen unter meinen Sohlen keine Bedeutung bei und tippte eher auf verstreute Zweifel-Chips als auf Insekten, als ich müde ins Bett wankte. Es handelte sich aber um zwei harmlose Waldkakerlaken. Das wurde mir jedenfalls am nächsten Morgen von kompetenter Seite versichert.

Traum in Beige

Als Landjodler auf Tournee schläft man oft schlecht. Das letzte Mal in Bad Ragaz. Die ganze Gegend hat sich ja aus Marketinggründen den etwas infantilen Namen *Heidiland* verpasst. Das tönt fast so bekloppt wie *Westside* und täuscht. Bad Ragaz, idyllisch gelegen, hat neben gesundem Wasser auch noch ein tolles Rockfestival, einen malerischen Golf-platz und eine interessante Skulpturen-Ausstellung. Man kann sich wohl fühlen. Sofern man nicht in der Dependance des VCS-Hotels *Schloss* landet, dessen Inneneinrich-tung durchgehend in abgeschabtem Beige gehalten ist. Ich schlafe schlecht in Beige. So hatte ich mich immer enden ge-sehen. In einem beigen Nichtraucherzimmer ohne Minibar. Mit der TV-Fernbedienung in der Hand, fiel ich direkt in diesen Albtraum. In eine beige Transplantationsklinik in den Karpaten, wo weiß gekleidete Kurpfuscher einem die Nieren herausmontieren. Zum Export nach USA. Dort warten die Kuriere der Betty-Ford-Klinik schon auf das Frischfleisch. Gott sei Dank riss mich die Vernunft aus dem Schlaf. Da-nach fühlte ich mich wie Erich Honecker im Exil und suchte die Zigaretten. Dann kam die ganze Nacht lang immer das gleiche Ritual. Licht löschen (damit die Moskitos draußen bleiben), Fenster auf, hinausbeugen, rauchen, zurückbeu-gen, Fenster zu, Licht an. Bis ich die Reihenfolge verwech-selte. Danach hatte ich die Patrouille Suisse im Miniformat im Zimmer, und meine Nase sah am Morgen aus wie eines dieser Noppenkondome, die den Spaß bei der Sache heben sollen. Alles nur, um dem mürrischen Personal nicht zu missfallen, das ich ohnehin nur von hinten sah. Auf der Flucht vor Bestellungen. Am Morgen schlich ich mich ohne Kaffee und Zigaretten aus meiner beigen Kammer. Zum erstbesten Chinesen. Dort störte ich nicht und konnte in aller Ruhe über unser touristisches Potenzial nachdenken. Wir könnten ja zum Beispiel den Deutschen politisches Ferienasyl anbieten. Die sind ja schon froh, wenn sie irgendwo bleiben können und nicht grundlos beschimpft werden. Als Flüchtlinge würden sie auch keine großen Komfortansprüche stellen, und wir hätten wieder Touristen für unsere morschen Herbergen. Platz hat es ja genug, weil die Schweizer sowieso nach Österreich in die Ferien fahren. Eventuell würde das auch unsere gutnachbarlichen Beziehungen zu den Deutschen stärken, und wir dürften, vielleicht wenigstens in der Ferienzeit, Kloten wieder über Süddeutschland anfliegen. Als Konkurrenz zur Adria müssten allerdings mehr Raucherzimmer zur Verfügung gestellt werden, da sich ja selbst der deutsche Kanzler ab und zu gerne einen kubanischen Kotzbalken zwischen die Zähne klemmt. Doch Gerd und Doris bleiben diesen Sommer in Hannover. Weil ihnen das Land, wo die Zitronen blühen, sauer aufgestoßen ist. Jetzt essen sie ihre Pasta beim Italiener um die Ecke.

Krieg im Camp

Die finster blickenden Typen mit ihren großen Knarren verhießen nichts Gutes. Wir machten den Kindern klar, dass sie sich still verhalten sollten. Bewaffneten sollte man nie trauen, auch wenn sie sich noch so harmlos geben!

Vielleicht lag es am Sturmregen, der mir durchs geöffnete Autofenster waagrecht ins Gesicht peitschte, vielleicht hatten die Halunken aber auch grad keine Lust, auf uns anzulegen – auf alle Fälle durften wir weiterfahren. Ich versuchte ein Grinsen und murmelte ein undefinierbares »Hallo«, obwohl mir die Angst die Kehle zuschnürte und der Puls laut wie eine Kalaschnikow gegen meine Schädeldecke hämmerte. Sie bemerkten zum Glück nicht, dass ich nicht die gleiche Sprache spreche wie sie. Wir dankten Gott, als wir uns endlich langsam über die von windschiefen Zelten und flackernden Lagerfeuern gesäumte Schotterpiste entfernen durften. Einige von billigem Fusel betäubte Lagerinsassen riefen uns nach. Überall lagen menschliche Körper herum.

Zum Glück fanden wir einen freien Platz. Die Kinder waren hungrig und wimmerten um Nahrung, doch wir hatten nichts mehr, was wir ihnen hätten geben können. Völlig erschöpft und vor Kälte bibbernd krochen wir unter unsere Zeltplanen und versuchten, etwas zu schlafen, doch die Angriffe der Luftwaffe hörten die ganze Nacht über nicht auf. So wälzte ich mich ruhelos hin und her, zumal ich fürchtete, man könnte uns überfallen. Außerdem hatte ich zu allem Unglück in der Hektik der Abreise vergessen, meine Medikamente einzupacken.

Ich war froh, dass wenigstens die Kinder ein wenig Vergessen im Schlaf finden konnten. Als der Morgen nass und grau über uns hereinbrach, war ich mehr tot als lebendig. Zuallererst musste ich versuchen, Medikamente und etwas Essbares aufzutreiben. Nervös nestelte ich an meinem Seesack herum und fand die Handynummer meiner Ärztin, welche noch immer Paddelferien im Quellgebiet des Orinoco macht. Ich tippte die Nummer ins Handy, und tatsächlich – es klappte!

Sie beruhigte mich. Meine Fantasie sei wieder einmal mit mir durchgegangen. Campingferien seien zwar die Härte, aber auf dem Zeltplatz in Salavaux hätte ich nichts zu befürchten. Ich solle mir an der Rezeption eine Schmerztablette holen und mich beim Zahnarzt anmelden. Vor allem aber solle ich cool bleiben. Ich beschloss, ihre Tipps zu beherzigen und meine Lieben mit frischen Gipfeli aus dem Laden zu überraschen. Unbehelligt und entspannt machte ich mich auf den Weg. Die Moskitos hatten ihre Angriffe aufgegeben, und die Punks waren in ihren Militärzelten verschwunden. Von den unerzogenen Lümmeln mit ihren Turbowasserpistolen war nichts mehr zu sehen, und die letzten Bierleichen torkelten müde zu ihren Alpenkreuzer-Zeltklappanhängern.

Ich fühlte mich irgendwie erleichtert, als mich das Fräulein an der Kasse mit einem gleichgültigen »Grüezi« begrüßte. Sie kommt aus Niederbipp und spricht auch nur mangelhaft Französisch.

Hütten- statt Fleischkäse

Mögen andere auf die professionelle Animation eines Clubbetriebes nicht verzichten können, mir reicht das Zelten in Salavaux als Ferienaktivität.

Wobei man Camping bei diesen Temperaturen eher als Survival-Urlaub bezeichnen müsste. Doch was wäre für uns Stadtmenschen punkto Psychohygiene gesünder, als für einige Tage dem Schrei der Wildnis zu folgen und sein Haupt, zusammen mit Tausenden anderen Irren, unter freiem Himmel zu betten. Dies, obwohl man sich jedes Mal schwört, diese Tortur nie wieder freiwillig auf sich zu nehmen. »Das Wichtigste beim Camping ist die Ausrüstung«, dozierte ich der Tochter, während ich vergeblich nach dem Büchsenöffner suchte. Um uns auf dem böse fauchenden Gaskocher etwas Tolles in den Blechnapf zu zaubern. Hörnli mit Büchsentomaten. Ich hatte mir darum vorgenommen, jeden Tag etwas Gesundes auf den Klapptisch zu stellen. Nicht immer nur diese Pommes. Nervös erklärte ich dem hungernden Kind den enormen Nutzen eines Offiziersackmessers. Universell einsetzbar, mit eingebautem Dosenöffner …

Mittlerweile waren die Hörnli weich geworden, und das einzige Sackmesser, welches sich in unserer Ausrüstung fand, war ein Werbegeschenk von Thomas Fuchs, der unbedingt in den Nationalrat will. Doch dieses Messerchen ist so mickrig, dass man sich nicht einmal die Zehennägel damit schneiden kann. Das eignet sich ja höchstens zum Koksen. So begnügten wir uns mit den blutten Hörnlis. Um dem Essen einen diätischen Aspekt zu verleihen, schaufelte ich mir noch eine Packung Hüttenkäse in den Rachen, was aber geschmacklich der Mahlzeit auch keinen zusätzlichen Reiz verlieh. Zwischenzeitlich war die Sonne untergegangen, und während wir träumerischen Blickes in unseren Klappstühlen den Großen Bären anstarrten, hatten die zwei Alleinunterhalter ihr Gerümpel schon installiert, um uns bis spät nach Mitternacht mit bekannten und beliebten Weisen zu beschallen. Neben *Ein Bett im Kornfeld, Rote Lippen* und *Sweet Home Alabama* wurde auch heimische Kost von Gölä, Polo, Peter Hinnen, Trio Eugster und dem Duo Ast-Jordi gleichtönend dargeboten. Den krönenden Abschluss bildeten der Heuler *Sierra Madre der Berge* und der *Entelitanz.* Kein Wunder, wurde dann noch weitergefeiert …

Als sich schon der Morgen rötete, kroch auch ich endlich zufrieden auf die Luftmatratze.

Campingfreunde sind halt ein Völkchen für sich. Es gibt unter ihnen sogar Adelige. Wie Stephanie von Monaco. Nur hat die sicher einen Dosenöffner dabei. Sonst könnte sie sich ja kaum die ganzen Stapel von Büchsenfleischkäse aus dem Coop reinhauen, während mir der ewige Hüttenkäse schon verleidet ist.

Turnschuhe zählen

Manchmal frage ich mich, warum ich das tue, was ich tue. Ich könnte ja etwas anderes machen. Dann wäre alles anders. Dafür könnte ich aber das nicht mehr machen, was ich jetzt tue. Deswegen ist es immer noch besser, gar nichts zu tun. So überlegte ich jüngst beim Schuheputzen. Gegen diese Stimmungslage hilft oft schon ein Spaziergang. Dann Kaffee trinken und das Schuhwerk der Passanten betrachten. Das wird auch immer eintöniger. Jedenfalls seitdem alle diese gummierten Sportstinkstiefel tragen. Egal ob zum Theaterbesuch, beim Sport oder zur Hochtour in den bröckelnden Alpen. So grantelte es mir, als ich wenig später Kaffee trinkend damit beschäftigt war, die vorbeigümmelnden Sportfußbereifungen der Leute zu betrachten.

Der klassische Lederschuh scheint ein Opfer des American Way of Life geworden zu sein. In den Amifilmen quietschen ja auch alle immer mit diesen Tretern über die Leinwand. Dazu tragen sie diese lächerlichen Käppis mit der Gratiswerbung drauf. In Amerika mag das ja normal sein. Ich verstehe nur nicht, warum die Leute auch bei uns mit diesen Klamotten herumlaufen müssen. Die sehen ja aus, als ob sie gerade aus Sheriff Joe's Umerziehungslager, von einer Apollo-Raummission oder von einer Schießerei mit Eminem kommen. Schirmkappe und Käselatschen sind vielleicht das Schlimmste, was uns Amerika je gebracht hat. Außer vielleicht die Kaffeephilosophie von Starbucks. Beim Turnschuhzählen, nach dem sechsten Espresso, wurde mir plötzlich klar, dass ich ein Auslaufmodell bin und dass es schwierig werden würde, in dieser Stadt vernünftige Schuhe zu kaufen, die meine klassischen Budapester dereinst ablösen könnten, wenn sie mir eines Tages von selbst abfallen. Das im Moment so gefragte Halbschuhmodell mit der abgeplatteten Zehenkappe hat leider den guten alten rahmengenähten Lederhalbschuh ersetzt, welchem ich trotz wechselnder Moden ein Leben lang treu geblieben bin. Seit ich als jugendlicher Turnschuhträger vom Fußpilz befallen worden war. Zudem musste ich als Zweitältester immer die Latschen meines Bruders austragen. War spitz in, war ich mit den breiten Tretern out. War wieder breit angesagt, so musste ich mit spitzen Twiststiefeln durch die Landschaft stolpern. Das prägt, erkannte ich bitter.

Seitdem ist für mich nur das Beste gut genug. Doch dieses ist nur schwer zu finden. Richtige Schuhe sind aus dem Stadtbild fast verschwunden. Die mondänen zweifarbigen Golfer, die englischen Herrenstiefeletten, Pumps und Stilettos, in denen sich jede Frau wie Marilyn Monroe fühlen durfte.

Marilyn Manson hingegen bevorzugt Plateauschuhe wie aus den Siebzigern. Doch diese Treter eignen sich höchstens zum Drogenschmuggel.

Tschutschu

Intuitiv hatte ich die Sardinienferien storniert. Wahrscheinlich ahnte ich den kommenden Stromausfall. Bern bietet ja auch einiges, dachte ich mir, als wir uns, untrennbar verbunden durchs Kinderwägeli, zur SwissToy-Ausstellung begaben. Von dieser versprachen wir uns Kurzweil.

»Da ist es also beim Herrn Zempf in der Altstadt lustiger. Da gibt es immer ein Schokolädeli, und es hat nicht nur Spielsachen, die man nicht angreifen darf ...«, telepathierte mir der Kleine. Dem konnte ich nur zustimmen. Wenig später taxierte der Meckerer die ferngelenkten Furzkistchen, welche nervös über eine Minirennbahn bretterten. Es sah en miniature aus wie in Romanshorn.

»Toto!«, schmollte er und schob wütend seine zitternde Unterlippe vor, als ich das Wägeli zur nächsten Halle schob. »Barum denn?«, fragte er. Ich entgegnete »Darum!« – »Barum?«, hakte er noch einmal nach, bis ich die Diskussion mit dem Satz »Weil ich der Papa bin, Punkt!« beendete. Von diesem Diskurs abgelenkt, gelang es mir, den Kinderwagen zu den Modellschiffen zu navigieren. Dort erhoffte ich mir mehr Romantik. Stattdessen erwarteten uns Tabaknebelbänke. Der Miniaturschiffbau ist wohl eher etwas für Pfeifenraucher, dachte ich mir und rettete das Kind aus den Knasterschwaden, mit welchen die Hobbyskipper, mit ihren schmurgelnden Teermeilern im Mundwinkel, das künstliche Ozeänchen bedampften.

Der Tag schien erst gerettet, als wir mit dem Tschutschu jauchzend im Tunnel der Miniaturbahnanlage auf dem Gurten verschwanden. Hundertmal besser, als ohne Strom mit dem Pendolino irgendwo in der Röhre zu stecken und stundenlang Hippiegschpängschtli spielen zu müssen, dachte ich mir, während der Kleine mit dem Zeigefinger aufs nahe gelegene Up-Town deutete, wo der Jungfreisinn gerade damit beschäftigt war, ein Festtransparent zu seinem 75-Jahr-Jubiläum aufzuhängen. »Schief!« Das war mein erster Eindruck, als ich in sausender Fahrt das Geschehen erblickte und dann wieder aus den Augen verlor. Als wir das nächste Mal vorbeifuhren, war es immer noch schief. Beim dritten Mal hing es höher, beim vierten Mal wieder tiefer. Immer noch schief.

Bei der nächsten Runde war das Transpi plötzlich weg. Dafür stand einer auf einem wackeligen Bistrotisch und ruderte mit den Armen. Als wir schließlich die letzte Runde drehten, hing die Stoffbahn wieder schief an ihrem vorherigen Platz. Wenig später war dann Fototermin. Die Fotos wären höchstens zu retten, wenn alle Jungpolitiker in einem einheitlich schrägen Winkel stünden, welcher die fehlende Waagrechte ausgleichen würde.

Dann allerdings würde das Up-Town schief aussehen, sinnierte ich nicht ohne Boshaftigkeit.

Die Stones waren kolossal

Selbst ein Zürcher hätte es sich nicht größer vorstellen können. Jagger sah ich ungefähr zwei Zentimeter groß. Zum Glück wurde das Ganze aber auch noch videomäßig vergrößert. Die Jungs sind zwar alt, dachte ich mir, sind aber immer noch die beste Band der Welt. Für einmal wollte ich, anstatt von der Bühne herabzuschreien, direkt bei den Leuten sein. Deshalb erstand ich mir auch einen Stehplatz für 135 Franken. Obwohl inkognito, war ich hauptsächlich damit beschäftigt, Autogramme zu geben. Weil Mick, Charlie, Ron und Keith nicht vorbeikamen, musste ich halt einspringen. Ich staunte nicht schlecht, wie viele Leute mich zu kennen glauben, obwohl sich mein privater Umgang mittlerweile auf meine Kinder und ein paar gute Freunde beschränkt. Ich kann sie bald an zwei Händen abzählen. Wenn die tourbedingte Einsamkeit mit der Popularität zunimmt, dann kennt sich Mick Jagger wahrscheinlich nicht einmal mehr selber. Wenn wundern da noch die gefälschten Interviews?

Euphorisch, aber kontrolliert ließ ich mich bei *Sympathie for the Devil* sogar dazu hinreißen, im wabbernden Hanfnebel kontrolliert zu hopsen. Trotz der Enge. All diese Hascheulen sehen ja fast so aus wie meine Nachbarn im Verwaltungsgebäude gegenüber, ging es mir durch den Kopf. Alles normale Leute. Wenn man die alle wegen der Dampferei bestrafen wollte, müsste man ja glatt das Stadion in einen Knast umbauen, rechnete ich für mich. Ich enthielt mich für einmal der verbotenen Substanz, zumal ich meinen Stehplatz in der Nähe des Bierhahns gefunden hatte. Mischen tut ja nie gut. So warf ich leutselig mehrere Runden (ca. Fr. 100). Zum Schluss waren wir wohl alle ein bisschen holdrio. Um nicht dem üblen Beispiel einiger Parlamentarier zu folgen und womöglich blau wie die Haubitzen in die nächste Baugrube zu brettern, waren wir per Bahn angereist.

Trotz der fehlenden Raucherabteile.

Das Retourbillett und die Erneuerung des Halbtaxabis kosteten Fr. 191.50. Für diversen Stonesramsch knallte ich einen Giacometti auf den Tresen. Der Kebab kostete zwar nur einen 8er, war dafür aber auch nicht wirklich gut. Nachdem der letzte Zug längst abgefahren war, kostete uns der Rücktransport unserer nutzlos gewordenen Bahnbillette nach Bern pro Nase Fr. 110.–. »Für diese Kohle hätten wir ja gleich Stiller Has engagieren können, wenn wir nicht gerade bei den Stones gewesen wären!«, warf ich feixend in die ruinierte Runde, während sich das betagte Taxi scheppernd aus Zürich quälte.

Zum Abschied pfefferten einem die Krawallbrüder von Radio Energy noch in Kopfhöhe ihre blöden Hits ins Genick. In krimineller Lautstärke. Wegen denen hatte ich zwei Tage Ohrensausen.

Die Frise

Ich wäre so gern ein Außerirdischer. Dann könnte ich die Welt mit ganz anderen Augen betrachten. Am drolligsten fände ich die Haartracht der menschlichen Erdenbewohner. In der wilden vergangenen Zeit brauchte man ja bloß auszusehen wie der Yeti, und schon war man dabei. Die Haartracht war noch ein Gruppensymbol. Ich trug zum Beispiel mein Haar immer halblang. Bis ich Elvis entdeckte, fragten sich die Leute deshalb immer, ob ich nun ein Bub oder ein Mädchen sei. Das kompensierte ich aber bald mit einer Norton-Motorradjacke und einer Elvis-Tolle. Die Jacke wog mindestens zehn Kilo, für die Haarpomade kann man getrost noch ein Pfund dazuzählen.

Zu jener Zeit gab man im Dorfkino das Musical *Hair*. Ich saß hinter Farah Diba aus dem Nachbardorf. Um überhaupt etwas zu sehen, musste ich ihren Haarturm etwas zur Seite biegen. Sie konterte mit ihrer feuerroten Bügelhandtasche und brach mir fast einen Vorderzahn aus. Die Verfärbung am Zahnschmelz sieht man heute noch. Ich begann den Look der Fünfzigerjahre zu hassen. Der darauf folgende Hippietrend entlastete meine junge Wirbelsäule – ich befand mich ja noch im Wachstum. Als Hippie brauchte man nur sein Haar und den entsprechenden Wuchs. Der war bei mir leider nicht so rasend.

Es war mir auch nicht möglich, mein Aussehen mittels sogenannter Jason-King-Koteletten zu verwildern, war doch mein jugendlicher Backenschmuck eher der Sorte Klappkotelett zuzuordnen. Gott sei Dank sah man mir das Blumenkind trotzdem schon auf 500 Meter Entfernung an. Entsprach mein Haar auch nicht meinen damaligen Erwartungen, so barg die wilde Matte doch so viel Sprengstoff, dass es zum Bruch mit der Familie kam. Wie beneidete ich Joe. Er trug eine fein gekräuselte Kugel auf dem Kopf. Nie sah man ihn ohne Jimi-Hendrix-Platte unterm Arm. Sogar einen Frontalcrash mit dem Solex überlebte er fast unverletzt. Als ich Joe nach langer Zeit letztens wieder einmal traf, trug er eine Halbglatze und ein Toupet. Er sah irgendwie geschwächt aus.

Ich hingegen trage meine Langhaarfrisur immer noch, in leicht abgewandelter Form. Alle Versuche, meinen Look zu ändern, endeten katastrophal. In den wilden Achtzigern zum Beispiel versuchte ich es mit dem sogenannten Irokesenkamm. Da ich ihn jedoch statt längs quer trug, fanden das nicht einmal die Punks lustig. Außerdem machte der Kamm mein Gesicht optisch zu breit. Danach kam die Totalrasur. Furchtbar! Ich sah aus wie Benito Mussolini! Irgendwann kam mir dann die Idee mit dem Panamahut. Der lenkt ab.

Gestern war ich wieder einmal beim Friseur. Ich sehe aus wie Frau Antje aus der Goudakäsewerbung – die Haarspitzen drehen sich nämlich nach außen. Ich könnte es mit Pomade versuchen – die mag ich aber nicht. Außerirdische brauchen keine Frise.

Rauchzeichen

Die frühen Siebziger waren eine total vernebelte Zeit. In endlosen Sitzungen diskutierten wir die proletarische Weltrevolution, bis uns die Köpfe rauchten.

Nachdem sich der Gauloise-Rauch verzogen hatte, war auch der Sozialismus nur noch Schall und Rauch. Die Genossen beendeten ihr Studium und wurden Lehrer, Arzt oder Sozialarbeiter.

Fortan wurde statt der klassenlosen nur noch die rauchfreie Gesellschaft gepredigt.

Typen wie ich sind dabei wieder einmal auf der Strecke geblieben. Angefeindet und den hysterischen Angriffen der Expaffer schutzlos ausgesetzt.

Dabei waren doch alle meine großen Vorbilder Kettenraucher. Che Guevara, Keith Richards, Serge Gainsbourg, Fidel Castro, Jean-Paul Sartre und Django, der Rächer der Enterbten.

Ganz zu schweigen vom großen Vorsitzenden Mao, der ohne Zigis nie in der Lage gewesen wäre, die große proletarische Kulturrevolution vom Zaun zu brechen oder gar in hohem Alter noch im Jangtse herumzuschwimmen.

Zwar hielt ich trotzig die proletarische Rauchfahne der Nikotinsucht aufrecht, doch bald fühlte ich mich als geborener Nichtsnutz. Andere suchten sich ein Hobby oder hatten berufliche Ambitionen – ich hingegen war meist auf der Suche nach einem Aschenbecher. Rumhängen und Rauchen war meine liebste Beschäftigung geworden.

Die eindringlichen Warnungen meines kettenrauchenden

Arztes, endlich aufzuhören, verhallten ungehört. Drohende Krankheiten wie Lungenkarzinom, Herzinfarkt, Raucherbein, Raucherparodontose oder Kehlkopfkrebs konnten mich bis heute nicht zur Abstinenz bewegen.

Es brauchte jenes besondere Schlüsselerlebnis, um wenigstens die Schädlichkeit meines Tuns zu erkennen.

Eines leichenfahlen Morgens, zu jener Zeit, als ich noch ein Rollstuhltaxi chauffierte, packte mich plötzlich das Grausen. Hustend, die Parisienne im Mundwinkel, pilotierte ich meinen rauchenden VW-Bus durch den Smog. Das nahe gelegene Krematorium rauchte, die Kehrichtverbrennungsanlage rauchte, das Auto rauchte, ich rauchte. Nie fühlte ich mich dem Tod so nahe. Ich fasste den Entschluss aufzuhören. Seitdem leide ich doppelt, wie der arme Zeno Cosini.

Neben meinem Drang zu rauchen habe ich jetzt auch noch das ohnmächtige Verlangen, damit aufzuhören.

Die endlose Kette der letzten Zigaretten ist bis heute nicht beendet. Täglich wechseln sich letzte Zigaretten mit guten Vorsätzen ab. Mittlerweile darf bei uns nur noch auf dem Balkon geraucht werden.

Letzten Winter holte ich mir dabei fast den Tod. Nur meiner eisernen Konstitution ist es zu verdanken, dass ich die Viertelstunde bei minus 20 Grad Celsius, nur mit dem Pyjama bekleidet, überlebte.

»Raucher kommen dran«, formuliert es die *Berner Zeitung* vom 21. August kurz und bündig auf der Titelseite, »jeder kommt dran«, meint lakonisch mein Spinnmilben-Oleander.

Er hat leicht reden, braucht er doch nur Sonne, Luft, Wasser und Liebe.

Ich fühle mich mausgrau an diesem Freitagmorgen. Die Lust auf die sechste Frühstückszigarette ist mir fast vergangen.

Vom Kasperli zu Johnny Depp

Wieder einmal Wahlsonntag in der Schweiz. Es war wie im Kasperlitheater, wobei gegen den Kasperli nichts zu sagen ist. An Jörg Schneider als Kasper kommt hierzulande niemand vorbei. Diese Aufnahmen gehören nach wie vor zu den besten Gaben, welche man den Kleinen unter den Christbaum legen kann. Die sind nationales Kulturgut, dachte ich mir, als ich den seit Jahren verwaisten Fisher Price-Rekorder wieder flottmachte, um auch den Buben mit der Welt des kindlichen Theaters vertraut zu machen. Wer schon früh den Zauberer Knurrunkulus und den endlos plappernden Schwaffli kennengelernt hat, kann vielleicht als Erwachsener besser mit der jetzigen Politkultur klarkommen, ohne seelischen Schaden zu nehmen. Das überlegte ich mir so für mich, als ich zum Schluss wehmütig die elektrische Märchentante, an der noch die frühkindlichen Breireste des lieben Töchterleins klebten, mit Wundbenzin reinigte. Bei ihr ist der Kasperli endgültig out. Dafür steht sie auf Johnny Depp.

Da das Hantieren mit Benzin in geschlossenen Räumen leicht in einen Quartierbrand ausarten kann, begnügte ich mich mit einem Nicorette-Gummi. Eine Infusion wäre mir lieber gewesen. Als dann endlich nach langen Jahren des Schweigens der pfiffige Kerl mit der Zipfelmütze wieder sein »Tra tra trallala« aus dem Lautsprecher quäkte, wurde mir klar, welch guten Kauf ich seinerzeit mit diesem akustischen Foltergerät gemacht hatte. Auch der Kleine freute sich, und so war für den Rest des Vormittags »Feurio, der Zeusli chunnt« angesagt. Das wird jetzt wohl einige Jahre so bleiben, dachte ich mir seufzend. Bis das Kassettengerät einem CD-Player weichen wird und der arme Kasper vielleicht sehr lange warten muss, bis er wieder sein »Potzholzöpfelundzipfelkappe« wird erschallen lassen können.

Um der Märchenwelt einige Zeit zu entfliehen, trollten wir uns ins Wylerbad. Neben geistiger Erbauung soll ja auch der Sport nicht zu kurz kommen. Lieber als Walross mit dem quietschenden Junior auf dem Buckel zwischen den Knirpsen herumhopsen, als sich noch länger über diese Wahlen zu ärgern. Das dachte ich mir im warmen Kinderbecken planschend, während die Kampfschwimmer wie deutsche Torpedos das Gewässer des Sportbeckens unsicher machten.

Als hätte ich schon immer hier gelebt

Beim Betrachten des Kurzfilms *Ein Besuch in Bern* über-
kam mich Wehmut. So vertraut schienen mir die Bilder aus
alter Zeit, als Barry noch die Milch brachte. Als hätte ich
immer schon hier gelebt. Vielleicht ist es mir deshalb hier so
langweilig, obwohl es mich immer wieder, von Heimweh ge-
peitscht, hierher zurücktreibt. An diesen Ort der Geborgenheit und des gleichzeitigen Grauens.

Das dachte ich, als ich jüngst am Nordring im Stau stand.
Bedrängt von einem Offroader, in welchem ein junges Tüpfi
gerade ihr Lippenrot erneuerte. Wahrscheinlich war sie bei
Denner, Hackfleisch kaufen. Der Stau gab mir etwas Zeit.
Eine genügend lange Weile, um mich mental von den ver-
chromten Kuhfängern der Nissanfahrerin zu lösen und ins
Jahr 1910 abzudriften. Mental im Bern der Gründerzeit
herumstolpernd, stach mir beim *Du Nord* plötzlich völlig
real die Kunstgewerbeschule ins Auge. Diese braune Blech-
schachtel riss mich brüsk aus meinem Tagtraum ins Jetzt zurück. Vieles in Bern sollte abgerissen und wieder neu gebaut
werden, projektierte ich für mich, als ich im Schritttempo
die Brücke querte. Vielleicht gibt es, wenn ich das nächste
Mal wieder hier geboren werden muss, endlich ein Konzept
zur Stadtentwicklung.

Im Geiste schon in der Zukunft herumbauend, imagi-
nierte sich Erstaunliches. Der Verkehr war weg. Dafür zog
sich eine Allee bis zum Bahnhof, welcher aber noch im Nebel des Nichtgelebten verborgen lag. Auf der Schützenmatte
hatte sich Peter Zumthor mit dem Schauspielhaus ein Denk-

mal gesetzt. Man feierte den Abschluss der Renovationsarbeiten und gab *Hotel Angst*. Im Historischen Museum lief parallel dazu die Ausstellung *Ästhetik der Jahrtausendwende*. Man zeigte Werke von Rolf Knie, alte SVP-Wahlplakate, Micasa Design und neben dem Kreiselbären auch den letzten verbliebenen, müde vor sich hingorpsenden Rülpsbären. Auf der stillgelegten Eisenbahnbrücke vor der Reitschule rollte der Atlas von Luginbühl seine stählerne Kugel hin und her. Die IKUR feierte das 100. Baufest. Der letzte Babypunk war vor Jahren im Burgerspital verblichen. An Altersschwäche.

Bevor ich mit dem Abriss der Heiliggeistkirche zwecks Neuüberbauung beginnen konnte, schaltete die Ampel auf Grün. Zurück im Jetzt, gab ich dem Passat die Sporen und hängte, bevor ich im Dunkel des Bahnhoftunnels verschwand, den Nissan-Geländewagen hinter mir endlich ab.

Es war 17.30 Uhr. Zeit, den kleinen Mann aus der Krippe abzuholen. Die Kinder sind die Blumen meines Lebens.

Uriella statt Rivella

Warum die Sitze von Occasionsautos so grauslich sind, habe ich mich schon öfters gefragt. Die Antwort kam mir jüngst auf der Fahrt nach Bülach, als ich im Gubristtunnel im Stau stehen musste.

Harndranggeplagt kroch ich einem Pferdetransporter hinterher. Ich beneidete das Ross, denn es darf überall. Im nächsten Leben werde ich auch ein Turniergaul wie Calvaro, dem man gerade den Meniskus operiert hat. Sein Nachfolger soll witzigerweise auch Anaconda heißen. Unter steigendem Druck suchte ich nach einer Lösung, dann fiel mein Blick zufälligerweise auf eine leere Gatoradeflasche. Die hatte einen weiten Hals. Ich musste nur das Mundstück abschrauben. Leider war jedoch das Fassungsvermögen beschränkt – so sah ich mich gezwungen, während einer Geschäftsunterbrechung den Flascheninhalt aus dem Fenster zu kippen.

Die junge Dame im Seat nebenan, welcher ich seit einer geschlagenen Stunde beim Nasengrübeln zusehen durfte, starrte mich fassungslos an. Als ob ich Nadim wäre, der jetzt arbeitslose Missenknicker aus dem Big-Brother-Container. Ich fühlte mich ertappt. Dabei gibt es Leute, welche aus therapeutischen Gründen zu Urintrinkern geworden sind – es soll ja sehr gesund sein. Uriella statt Rivella. Ich persönlich zische mir bei Mattigkeit lieber ein Supradyn rein.

Während ich die PET-Flasche das zweite Mal füllte, war ich doch froh, stand ich mit meinem Urinstau nur bei Zürich im Gubristtunnel anstatt im Gotthard zu Uri. Dort ist man gegen den Stau machtlos. Auch eine zweite Röhre würde nichts nützen. Höchstens man würde einen faltbaren Stausack entwickeln oder Bordtoiletten einbauen.

Vielleicht war die Seatfahrerin aber auch nur betupft, weil ich vergessen hatte, mein Tun vorher anzukündigen. Das gehört bei uns zum guten Ton.

So unterschiedlich die globalen Abwurfmethoden auch sein mögen, so seltsam mutet die helvetische Angewohnheit an, sich bei Tisch mit voller Angabe des Reiseziels auf die Toilette zu verabschieden. Nur wir, dem Sonnenkönig gleich, meinen allen Ernstes, unsere Verdauung sei für die Welt von Interesse.

Die Deutschen z. B. finden das ziemlich skurril – sie erledigen ihren Toilettenbesuch ähnlich kommentarlos wie die Japaner, welche ihr Geschäft mit künstlichem Meeresrauschen zu übertönen versuchen. Der Bajuware sieht das gelassener. Beim Oktoberfest geht das unten raus, was oben reingeht. Selbst der Südeuropäer, dessen Abwurf aus Mangel einer sanitären Sitzgelegenheit ähnliche Präzision erfordert wie das Abschießen einer amerikanischen Lenkwaffe, würde niemals seinen Klobesuch vor allen Leuten kommentieren. Schon gar nicht in einer Tafelrunde, dachte ich mir, währenddessen das Seatmädel weiter gedankenverloren ihre Bööggen fraß.

Nachdem ich unter reger Anteilnahme meiner Staunachbarin die Gatoradeflasche in eine Sicherheitsnische gepfeffert hatte, überlegte ich mir, ob ich nicht doch den Zug hätte nehmen sollen. In den Bahnhöfen gibts wenigstens McClean.

Hellwach in Rorschach

Hotel *Schiffle* in Hohenems. Anlässlich eines kleinen Gastspiels in Vorarlberg waren wir dort abgestiegen. Ich hatte wieder einmal den Schlag mit der besten Aussicht auf die Durchzugsstraße ergattert. Im Zimmer roch es wie in einer Tiefgarage, und ich war dabei, mich in meine knappen Safarihosen zu zwängen. Zeit, sich vor der Show noch mit einem Supradyn fit zu machen. Endlich waren die Hosen zu. Das ist die Rache der Physis für den Diätterror, sagte ich mir, du passt nicht mehr in die heutige Zeit, Endo. Vielleicht war ich auch nur resigniert, weil ich in der Nacht zuvor nicht geschlafen hatte. Obwohl von bläulichen Abgasnebeln durchzogen, war meine lärmige Kammer als Nichtraucherzimmer deklariert. Deswegen verbrachte ich dann auch die halbe Nacht bei geöffnetem Fenster auf der kalten Plastik-WC-Brille sitzend und blies Rauchwolken durch die Lamellen der Jalousie in Richtung der Straße. Die Lastwagen waren verschwunden. Stattdessen durchfrästen Rudel von Tiefergelegten mit mächtigem Bumbum und blauer Unterbodenbeleuchtung den schwarzen Asphalt vor meinem kalten Raucherabteil. Dagegen schien es mir daheim an der Wylereggkreuzung wie in einem Naturschutzgebiet.

Das direkt am Bodensee gelegene Hotel *Mozart* in Rorschach, in welchem ich am nächsten Tag Logis bezog, war auch nicht wirklich ruhiger. Das Fenster ging wieder auf die röhrende Gasse hinaus. Hellwach und genervt, checkte ich sogleich wieder aus und nahm dann spät in der Nacht, von schwarzem Kaffee und Traubenzucker wach gehalten, die Route nach Bern unter die Räder. Ich könnte ja in die Scheibenwaschanlage meines Passats eine Infusion einbauen lassen, überlegte ich, da könnte ich bei Bedarf anstöpseln und jederzeit nachpumpen. Wenigstens wusste ich im Unterschied zu andern Leuten, welche von undefinierbaren Leiden geprüft werden, warum mir der Schädel brummte. Es lag an den Zigaretten und der Übermüdung.

Schwieriger ist es da für Hypochonder, die gesund sind, gut schlafen und denen rein gar nichts fehlt. Diesen bleibt nur noch die Wasserader oder der Erdmagnetismus als Ursache ihres Zipperleins. Wenn die Wünschelrutengänger und Magnetopathen nichts finden, dann können sie nur noch Amalgam, Gluten oder freie Radikale als Grund ihres Schmerzes vermuten. Letztere Verursacher beschleunigen angeblich den Zellzerfall und sollen in jedem Organismus anzutreffen sein.

Kebab-Teller

Heerbrugg, Sonntagmorgen.

Das Konzert war ein Erfolg.

Das Kino *Madlen* ist wahrscheinlich das schönste Gebäude in der ganzen Umgebung. Der Rest ist nämlich potthässlich – was aber anscheinend niemanden stört. Die Bevölkerung scheint, den unzähligen Autovertretungen nach, hauptsächlich aus Autohändlern zu bestehen oder wenigstens gut motorisiert zu sein. Fast wäre das alte Kinotheater ein Opfer der Ignoranz geworden – man wollte in den alten Saal Hochregale einbauen und ihn als Lager nutzen. Wahrscheinlich für Pneus.

Die meisten der alten Kino- und Beizensäle wurden hierzulande platt gemacht. Dafür gab es multifunktional nutzbare Mehrzweckhallen. Solche Räume bieten nichts für die Seele. Dort regieren abgehalfterte Sektionschefs mit eisernem Besen und Villiger-Kiel. Die Böden sind infolge jahrelangen Bohnerns so glatt, dass sich die Stumpenmandis vom Zivilschutz ihre sturen Gehirne erschüttern, wenn sie am Linol den doppelten Salto rückwärts machen. Ich kriege schon vom Geruch des Bohnerwachses allergische Atemwegsreaktionen. So rächen sich die Abwarte für ihre ewige Wacht, auf der man sie vergessen hat. Im kalten Krieg für das Gute, für den sie nie aufgeboten wurden.

Solch eine Atmosphäre mag für eine AUNS-Versammlung, den Musikantenstadl oder ein Katastrophenszenario mit Franz Steinegger in der Hauptrolle ausreichen. Für Konzerte hingegen bietet sie kaum das richtige Ambiente.

Obwohl gerade kommunale Bauten akustische und architektonische Qualität aufweisen sollten. Sie müssten besser sein als die Koitierboxen, welche sich der Normalbürger als Erfüllung seines Lebenstraumes für alle Ewigkeit in Stahlbeton gießen lässt. In den Eternitgürteln rund um unsere Städte.

Umso mehr schätzt man die authentischen Orte. Das *Madlen* hat zum Glück den kalten Krieg überlebt. Dafür war das Hotel ein Horror. Das Zimmer legte sich etwa sechs Quadratmeter groß L-förmig um einen unappetitlichen Nasszellenblock. Das Bett hing so schief, dass ich immer mit dem Kopf zur Wand rollte. Dort befand sich ein dunkler Fleck am Rohverputz – von den fetten Haaren meiner Vorgänger, die sich auch ihre Birnen an der Wand gescheuert hatten. Es war nicht wirklich entspannend.

So nutzte ich wenigstens die Glotze. Sechs Stunden »Ruf an«-Unterbrecherwerbung. So blöd, dass man nicht einmal Hand an sich selber legen könnte, wenn einen das beruhigen würde.

Völlig zerstört, genehmigte ich mir im Restaurant *Bahnhöfli,* weil sonst alles zuhatte, zum Frühstück einen Kebab-Teller.

Das war ein Fehler.

Knarren zum Christfest

Während sich der Novembernebel gnädig in die Gasse zwischen mir und dem benachbarten Verwaltungsgebäude schob, studierte ich den Weihnachtswunschzettel der lieben Kleinen. Faul und melancholisch, wie jedes Jahr im November. Jetzt kommt die Zeit, wo jeder gottfroh sein kann, der ein Steckenpferd hat, um über den Winter zu kommen. Ich selber konnte mich leider nie begeistern, obwohl mich Mama immer wieder erfolglos dazu ermunterte. »Such dir doch ein Hobby«, lautete der oft gehörte Ratschlag. Sie ahnte ja nicht, dass ich mich damals höchstens für Sex interessierte. Aus lauter Langeweile fing ich sogar an zu rauchen. Witzigerweise Lungentorpedos der österreichischen Marke Hobby.

Alle Bemühungen, meinen pubertären Trieb mittels pädagogisch wertvoller Weihnachtsgeschenke sinnvoll zu kanalisieren, blieben erfolglos. Die teure Märklinbahn war bereits zu Silvester nur noch Schrott, weil mich Eisenbahnkatastrophen damals faszinierten. Das philatelistische Starterset tauschte ich bereits am nächsten Tag gegen einen Stapel *Jasmin*-Magazine. Wegen dem darin enthaltenen *Lexikon der Erotik*. Mit dem feierlich von meinem Onkel überreichten Luftdruckgewehr ballerte ich die reifen Birnen von den Bäumen oder machte gar Jagd auf Amsel, Drossel, Fink und Star. Zudem perforierte ich systematisch des Oheims kupferne Dachrinnen. Bis ich mir eines Tages fast meine rechte große Zehe wegschoss. Weil ich im Sofa liegend, während einer sexuellen Trockenübung, versuchte, eine auf die Zehe aufgesteckte Zwetschge zu treffen. Deswegen habe ich auch heute noch manchmal einen Gang wie John Wayne. Danach verschwand die Kinderknarre wieder in Onkels naphthalinverseuchtem Kleiderschrank. Dort wartet sie wahrscheinlich noch immer darauf, endlich wieder von einem pubertierenden Deppen, wie ich einer war, auf den nächstbesten Kuharsch abgefeuert zu werden. Knarren zum Christfest sind mittlerweile Gott sei Dank verpönt. Wer will denn heute noch seine Kinder so erziehen, dass sie sich später, als Hobby, eine ausgediente Panzerhaubitze in den Vorgarten stellen. Der gemauerte Gartengrill reicht doch völlig.

Irgendwie schaffte ich es auch ohne Hobby, meinen bisherigen Lebensweg ohne Zuchthausstrafe zu gehen. Modellbähnler, Rahmdeckelisammler, Bauernmaler oder Leute, welche den Eiffelturm mit Zündhölzli nachbauen, mögen zwar erfolgreich die Zeit totschlagen, riskieren aber oft zwischenmenschliche Probleme. Wie ein mir bekannter, frühpensionierter österreichischer Schaffner, der sein Haus in ein Modell der Tauernstrecke umgebaut hatte. Seine Frau brannte mit einem Fernfahrer durch.

Das Lied der Prärie

Das Land meiner kindlichen Träume war der Wilde Westen – die weite Prärie. Diese war übersät mit den Leichen der Schurken, die ich als eingebildeter Revolverheld reihenweise in die ewigen Jagdgründe befördert hatte. Die Liebe zur Faustfeuerwaffe wurde uns Schaukelpferdkomantschen quasi in die Wiege gelegt. Kärnten, das letzte Fort des freien Westens vor dem Reservat der Tito-Partisanen, starrte in meiner Kindheit noch vor Weltkriegsschrott.

So hatten wir wenigstens immer genug Kriegsspielzeug. Nicht wie diese Verklemmten, die zu Weihnachten nie einen Spielzeugrevolver kriegen und deswegen später als Serienmörder enden. Wir brachen die alte Munition auf und bauten mit dem Pulver Bomben. Mit diesen jagten wir das feindliche Lager der Jungs aus der Nachbarschaft in die Luft. Danach rauchten wir eine Schachtel 3er-Zigaretten – die grauenhaftesten Glimmstängel, mit denen je Halbwüchsige nikotinabhängig gemacht wurden. Dann wurde uns schlecht, und wir reiherten auf die rauchenden Trümmer des feindlichen Lagers. Wenn uns wieder wohler war, fantasierten wir von den prallen Brüsten von Nshoshi, der Schwester von Winnetou. Leider raffte sie schon in *Winnetou I* eine feindliche Kugel dahin, das sicherte ihr aber für immer einen Platz in unseren Indianerherzen.

Im gläsernen Sarg unserer feuchten Jungenfantasien blieb sie uns ewig treu. Manchmal gingen wir ihr gar kollektiv an die Wildlederbluse. Mit unserem Indianer-Schneewittchen, den gelegentlichen Bandenkriegen und den 3er-Zigaretten kamen wir ganz gut durch die Kindheit – bis Karl May zu langweilig wurde. Ich verließ den Wilden Westen. Die Begeisterung für die Napalm werfenden Amis hielt sich sowieso in Grenzen. Ich sah mir nur noch Spaghetti-Western an. Filme wie *Mercenario – Der Gefürchtete, Django* oder *Für eine Handvoll Dollar*. Meine politischen Vorbehalte gegenüber Amerika schmälerten allerdings nicht meinen Hang zu amerikanischen Schießeisen der Marke Colt, mit denen ich im Wald auf Bäume feuerte. Bis eines Tages ein Bauer mit der Schrotflinte auftauchte und mir androhte, er würde mir ein zweites Arschloch schießen. Dann müsste ich stereo scheißen. Das war ziemlich demütigend. Trotzdem wollte ich Bandit werden. Gegen Lee van Cleef war Lex Barker nur ein Warmduscher. Manitu sei Dank, kam es nicht ganz so weit und ist heute alles verjährt. Ich entkam unerkannt und ohne Beute.

Ich warf meinen Peacemaker in den nächsten Fluss und ging ins Kino. Woodstock. Das wirkt noch heute.

Amerika ist immer mein Traum geblieben – obwohl ich, wie Karl May, nie dort war. Ist vielleicht auch besser so. Wahrscheinlich würde ich wegen Kettenrauchens in Sheriff Joes Straflager landen. Oder in der Todeszelle – wegen Oralverkehr mit Nshoshi. Eigentlich schaue ich mir Amerika lieber im Fernsehen an. Die realen Vereinigten Staaten sind ungefähr so sicher wie Albanien, und dort fahre ich ja auch nicht hin, nur weil Karl May *Im Land der Skipetaren* schrieb. Nur manchmal singe ich noch das Lied der Prärie – vor allem, wenn im Fernsehen Spaghetti-Western oder Staatsbesuch kommt. Dann setze ich mich mit einem Teller Spaghetti und meinem Replika-Colt vor die Glotze und lasse den Sechsschüsser um meinen Zeigefinger wirbeln, als wäre ich noch immer die schnellste Hand im Westen. Dann stelle ich mir vor, wie ich dem Texaner seinen neuen Stetson von der blöden Rübe schieße, und lausche dem Geheul der Kojoten.

Mit dem Christenverfolger
nach Rawalpindi

Großvater betrieb eine Wagnerei. Das war in der vorautomobilen Zeit so etwas wie heute die Amag. Man fuhr Landauer statt Landrover. Vielleicht kommt daher meine Begeisterung für alles, was Räder hat.

Als ich im ersten Lehrjahr nachts den VW-Bus meines Lehrbetriebs, des Mauerkirchner-Molkereiverbandes, klaute, fühlte ich mich wie Winnetou, als ihm sein legendärer Mustang Hatatitla ins Lasso ging.

Das Ganze endete leider mit einem Selbstunfall. Eine Laterne, zum Glück kein Gendarm. Da Mama effektvoll den Tränen nahe war, gab mir mein Chef noch einmal eine Chance. Wir einigten uns gütlich.

An den folgenden Wochenenden versuchte ich mittels Habegger-Seilzug, den ziemlich verkürzten Lieferwagen wieder in seine ursprüngliche Länge zu dehnen. Zum Schluss fehlte aber immer noch ein halber Meter.

Die Amis waren gerade auf dem Mond gelandet, und ich hatte noch nicht einmal ein Mofa. So beschloss ich, gesponsert von Oma, mich zu motorisieren.

Es war zwar nur ein altes Puch-Moped, aber meine Kollegen hatten ja auch nur einen Sackgeldverdunster. Dermaßen beschleunigt, fielen wir mit unseren aufgefrisierten Christenverfolgern über die umliegende Landschaft her, um uns danebenzubenehmen. Oder an den diversen Feuerwehrfesten unsere Watschen abzuholen. Einige Zeit später wurde ich unter tragischen Bedingungen doch noch zum Autofahrer. Ich erbte Mutters riesigen Ford.

Das Ende der Motorhaube war vom Fahrersitz aus nur mit dem Operngucker zu erkennen, und der Verbrauch lag bei 20 Liter auf 100 km.

Mit diesem Monster fuhr ich die Hühner in der Umgebung platt, bis mir der Göppel unterm Hintern wegrostete. Im Ford fühlte ich mich wie ein Cowboy oder wenigstens wie ein Playboy.

Nachdem auch der Ford von mir gegangen war, folgten einige Wracks verschiedener Marken.

Obwohl der Automobilismus zur Qual geworden ist, fahre ich immer noch, gegen mein ökologisches Gewissen, munter in der Landschaft herum. Man ist ja zu Ostern schneller zum Shopping in Rawalpindi als in der Osteria im Tessin. Das Ferne ist nah und das Nahe so fern geworden. Außerdem verröcheln wir nächstens in der permanenten Grenzwertüberschreitung.

Heute fahre ich VW. Das ist immer noch besser als Toyota, weil die Japaner Wale essen. Nur Opel wäre noch unauffälliger, aber die gehören zu General Motors. Eine Kuh stößt mehr Treibhausgase aus als mein Passat. Oft sitze ich nur in meiner Rostlaube, weil die Luft im Auto immer noch besser ist als draußen. Da ich permanent im Stau stehe, esse ich nur noch im Auto. Vom Cowboy bin ich zum Kauboy geworden und vom Playboy mangels Bewegung zum Blähboy. Für meinen beträchtlichen Methanausstoß könnte ich mir glatt einen Smart zulegen.

Traurige Schatten
auf dem Sofa von Le Corbusier

Seit einigen Tagen hat mich wieder der Novemberblues. Er kroch mir wie Nebel durch den Mantel. Jetzt starre ich trübe auf die tote Stubenfliege, welche in meiner Wohnzimmerlampenschale ihre letzte Ruhestätte gefunden hat. Nun wirft das dörre Insekt einen kleinen, traurigen Schatten auf das rote Sitzmöbel von Le Corbusier, welches ich mir einst, in einem Anfall von Umnachtung, für ein horrendes Geld in die Wohnung hatte stellen lassen. Ein Fehlkauf, der sich jetzt zwar dekorativ, aber unbequem in meiner ohnehin schon zu engen Wohnung breitmacht.

Ich hatte seit jeher die Begabung, mich mit teurem, aber unnützem Gerümpel einzudecken. Manchmal verfolgt mich dieser Sperrmüll bis in den Schlaf. Jüngst träumte ich, wahrscheinlich deswegen, ich sei in die Rocky Mountains abgehauen. In ein Bärenfell gehüllt und nur mit einem Offizierssackmesser bewaffnet, hätte ich dort Bisons gejagt. Von eisigen Blizzards geschüttelt, an einer gefrorenen Büffelleber saugend – aber glücklich, weil ohne Ballast.

Gestern wurde das neue Bett geliefert, was meine Stimmung zusätzlich verdüsterte. Es hat gar keinen Platz. Jetzt muss ich das ganze innenarchitektonische Konzept ändern. Den antiken Wandkelim müsste ich einen halben Meter nach rechts versetzen. Das zieht aber Bohr- und Gipsarbeiten nach sich. Außerdem müsste ich, um der neuen Pritsche den nötigen Raum zu verschaffen, Fax, Telefon und Stehlampe in die gegenüberliegende Ecke des Zimmers zügeln. Dort stehen aber schon die Glotze und ein Gummibaum, welchem selbst mit der Machete nicht beizukommen ist. Auch sonst steht schon überall irgendetwas. Zu teuer zum Wegschmeißen. Weil in ihm ein beträchtlicher Teil des Geldes materialisiert ist, welches ich in den letzten Jahren zum Zwecke des schönen Wohnens euphorisch zum Fenster hinausgeschmissen habe.

Vielleicht sollte ich mich einem Feng-Shui-Berater anvertrauen, um meinen Lifestyle in kompetentere Hände zu legen. Wahrscheinlich würde der mir empfehlen, alles zu entrümpeln, mir einen Futon und ein Klangspiel zu kaufen und das ganze Quartier (inkl. Verwaltungsgebäude gegenüber) großflächig einzuebnen. Dafür könnte man einen Golfplatz mit Tiefgarage für den Passat anlegen. Ich spielte auch schon mit dem Gedanken, die nötigsten Papiere, einige Erinnerungsfotos und meinen Expo-02-Aschenbecher in den Citybag zu packen und in ein Hotel zu ziehen. Vielleicht ins Novotel am Guisanplatz. Von innen heraus sieht es sicher nicht so trostlos aus wie von außen. Dort wäre schon eingerichtet, und es würde täglich aufgebettet. Für den Fall, dass einem plötzlich das Totenglöcklein bimmeln würde, bliebe man wenigstens nicht monatelang unentdeckt. Wie der tote Brummer in der Lampe.

Schlomper, Sofapotato oder Messi?

Bin ich ein Schlomper, nur weil ich in meiner spärlichen Freizeit am liebsten daheim herumhänge, anstatt mich von irgendwelchen DJs mit dem ewig gleichen »mpfzampfza« traktieren zu lassen?

Schlomper sind so eine Art Sofapotatoes mit Stil. Leute, die sich barfuß Gäste nach Hause einladen. Keinesfalls aber chipsfressende, schlampige Penner, die umgeben von zerknüllten Fast-Food-Verpackungen in ihren TopTip-Sofas dahinmodern und sich RTL und Musikantenstadl reinziehen.

Quasi Sofapotatoes auf dem Weg zum Messi. Messis sind wiederum Leute, die es nicht schaffen, ihren Müll hinunterzutragen, und so vom eigenen Abfall in die Stadt getrieben werden. Dort füllen diese Typen in den Beizen die Aschenbecher mit gebrauchten Papiernastüchern und nassen Teebeuteln. Das alles entnehme ich dem *Blick,* während ich meinen eigenen Blick kritisch über meine wild zusammengewürfelte Wohnlandschaft schweifen lasse und mich frage, ob es nicht eher der gespenstische Nebel ist, der mich auf das Polstermöbel von Le Corbusier wirft, als die Freude am stilsicheren Wohnen.

Zu dieser Jahreszeit vermittelt ja schon die kleinste Hütte Geborgenheit. Sofern sie nur über eine Heizung und über einen Kabelanschluss verfügt. Die Glotze hat längst das Lagerfeuer ersetzt, an dem einst in kalten, nebligen Nächten unsere Urahnen ihre zähe Jagdbeute rösteten, während die Wölfe heulend ums Camp strichen. Wenn ich heimkomme, wartet meist niemand, welcher mit mir gemeinsam in die dampfende Schüssel starren würde. Deswegen genehmige ich mir manchmal nachts bei Hisham im *Xanadu* noch ein Nudelgericht. Meist mit Pouletstreifen, aber immer mit den gleichen Zutaten an orientalischen Hülsenfrüchten. Kichererbsen, Bohnen und Linsen. Von diesen scheint der sympathische Nordafrikaner ganze Lagerhallen voll zu besitzen. Entweder er kauft die ganze Ernte von Oberägypten auf, oder die Büchsen stammen von einem gestrandeten Frachter. Egal. Die Nudeln werden stets warm und mit Liebe serviert, und Hunger ist ja bekanntlich der beste Koch.

Manchmal, sonntagnachts, komme ich auf dem Weg nach Hause beim Verlagsgebäude vorbei, wo man schon eifrig an der Montagszeitung werkelt. Oft entschließe ich mich dann spontan zum Schlompen, obwohl die Hemden in die Reinigung sollten, die Steuererklärung überfällig ist und sich im Kühlschrank bloß ein Stück verbeulter, vakuumverpackter Lochkäse langweilt. Vor zwei Wochen benutzte ich ihn notfallmäßig, um ein ins Wanken geratenes Bücherregal provisorisch zu stabilisieren. Bis ich mir einen passenden Holzkeil geschnitzt hatte.

2004

In Südostasien grassierte die Vogelgrippe. 100 Millionen Hühner und Enten flogen ins Feuer. Roger Federer schwang sich am Australien-Open zur Nr. 1 im Tennis auf, und Bruno Ganz brillierte im Film *Der Untergang* als Hitler. Tutanchamun besuchte Basel, Wojtyla besuchte Bern, Berlusconi besuchte Muammar al Gaddhafi, und George W. Bush suchte immer noch Massenvernichtungswaffen. Kein Wunder, suchte ich, überfordert von all den schlechten, sich überstürzenden Nachrichten, lieber das Sofa auf und versuchte mich nebenbei, der Gesundheit zuliebe, an vegetarischen Suppenrezepten. Unser geliebter Sir Peter Ustinov kam in den Himmel und diskutiert seither mit Gott über die Welt. Auch Ronald Reagan verblich. Nur ist dieser bisher noch nicht oben angekommen. Der hat sich wohl verflogen. In Südeuropa und Kalifornien brannten die Wälder, die ESA-Raumsonde Mars-Express fand Wasser am Mars, und wir tanzten durch das Wasserspiel des neuen Berner Bundesplatzes. Daniel Kübelböck musste für die RTL-Show *Ich bin ein Star – holt mich hier raus* in Kakerlaken baden. Kurz darauf rammte der Star, starr vor Schreck und ohne Fahrausweis, einen Gurkenlaster. Weil ich mir für den ersten privaten Raumflug mit der Space Ship One kein Ticket leisten konnte, erkundete ich das Emmental im Heißluftballon und erzielte so endlich die Schwerelosigkeit, welche sich sonst bei mir nur nach Gebrauch eines kräftigen Duftchüssis einstellt. Die Lust an der Überwindung der Gravitationskraft dürfte dann auch zum Entscheid beigetragen haben, mich zwölf Abende lang am Berner Stadttheater der leichten Muse zu widmen. Ich spielte den Fiaker in *Wienerblut* von Johann Strauss. Noch während der Premiere wurde das Ensemble von der Nachricht über den Todestsunami geschockt.

Denkmal der Gastlichkeit

Regenwetter im Januar bringt immer die Gefahr plötzlicher Blitzeisbildung mit sich. Dann wird wieder aufgesalzt, und die Autos rosten ihren Fahrern unter dem Hintern weg. Das dachte ich mir, während auf dem Balkon ein Dauerregen auf das dürre, noch immer geschmückte Nordmanntännchen eindrosch. So war ich ganz zufrieden damit, im Moment nicht tourneebedingt über die A1 brettern zu müssen und den Passat stehen lassen zu können. Endlich hatte ich Gelegenheit, meinem liebsten Hobby zu frönen. Dem Sitzen und Rauchen. Dies, obwohl ich wegen dem Zustand meiner Wohnung latent an einem Depressiönchen leide. Dieses klang jedoch sofort ab, als mein Blick beim Durchblättern alten, ungelesenen Pressematerials auf ein Bild der letzten Behausung des irakischen Exdiktators fiel. Auf die Mutter aller Einbauküchen, sozusagen. Verglichen mit diesem Loch, erschien mir mein Schlag wie Hollywood. Wahrscheinlich gab es nach der Verhaftung des gefährlichen Schnurrbartträgers erst mal einen kräftigen Imbiss. Truthahn auf texanische Art. Aus Plastik.

Plötzlich fühlte ich eine tiefe Zufriedenheit, welche aber bald dem Gefühl der Langeweile und Leere wich. Wahrscheinlich, weil es keinen vernünftigen Anlass gab, ins Auto zu steigen. Das Sofa wurde allmählich unbequem. Zudem waren mir der Hüttenkäse und das WC-Papier ausgegangen. Was lag also näher als ein Ausflug zum Bahnhof. Vielleicht, so dachte ich mir, lässt es sich auf einem der neuen Einzelsitzplätze in der Bahnhofsunterführung besser sitzen und rauchen. Ausgestellt wie der Affe am Schleifstein, saß ich kurze Zeit später in der Christoffelunterführung und war sogleich von einer Horde Passanten umstellt, die hinter vorgehaltenen Händen tuschelten, dass ich der Endo sei.

»Jetzt regt ihr euch aber wieder ab und spielt schön mit euren Handys«, rief ich den grinsenden Gaffern zu, »ich bin ja auch nur ein potenzieller Sozialfall!« Danach schlurfte ich über den tristen Noppenboden zu McClean, um eine kleine Zwischensitzung einzulegen. Dort blies ich den Rauch einer Parisienne in die Lüftung und stellte fest, dass sich das Drahtgeflecht des stählernen Sitzes durch meine dünnen Wollhosen in Form einer roten Waffelmusterung in meinen Allerwertesten gestanzt hatte. »Das ist vorsätzliche Körperverletzung!«, polterte ich für mich in der engen Toilettenbox. Man könnte das Stahlmöbel höchstens, montiert auf einen Granitsockel, als Denkmal der Gastlichkeit in die Gestaltung des neuen Bahnhofsplatzes einbeziehen. Oder Sheriff Kurt Wasserfallen könnte sich diesen kuscheligen Drahtsessel, elektrifiziert mit zwei Starkstromkabeln, als Texas-Grill in den Vorgarten stellen.

Wiener Konfekt
und morbide Gedanken

Die Euphorie über das tolle Horoskop von Elisabeth Tessier lässt langsam nach. Kaum verziehen sich die Nebel des Aberglaubens, wird man auch schon wieder gnadenlos von der Realität geschüttelt. Die Astrologen versprechen einem sowieso nur Gutes. Allerdings mit dem Hinweis, dass es nächstes Jahr noch besser werden würde. Oft wird es dann nur so lala, und man vertröstet sich murrend auf den nächsten Jahreswechsel. So verplempert man seine Zeit mit der ewigen Warterei auf bessere Tage. Mit dem trügerischen Gefühl, dass sowieso alles besser wird. Da unterscheiden sich die Mediziner von den Sterndeutern. Die sagen einem immer, dass gesundheitlich zwar alles noch so lala sei, tendenziell aber alles dem Ende zu gehe.

So fühlte ich mich von Medizin und Astrologie gnadenlos ins Leben zentriert, als ich jüngst mit regennassen Sohlen über den Noppenboden der Christoffelpassage Richtung Schweizerhof quietschte. Vorbei am stählernen Randgruppen-Sitzpranger zu *Jack's Brasserie*, um meinen Weltschmerz zu kurieren. Seitdem das ehemalige *Café Rudolf* am Bubenbergplatz zur stillosen Fleischklopsbraterei geworden ist, zieht es mich stets zu *Jack's*, wenn meine Seele nach einer dieser gediegenen, zeitlosen Zonen verlangt, die man sonst nur in einem Wiener Kaffeehaus findet. Bei Kaffee und Calvados fühle ich mich dann, trotz der Aussicht auf den Bahnhofplatz, ein bisschen wie in einer europäischen Hauptstadt. Oft betrachte ich mir dann, aus purer Langeweile, die Schildchen mit den Namen der Promis und fühle mich dabei sofort kosmopolitisch. Jüngst entdeckte ich sogar den Namen Ornella Mutti. Vielleicht war die Muti mit ihrer Mutti da, als sie das zweifelhafte Vergnügen hatte, vom *Jack's* aus unseren Bahnhof in seiner unsanierten Form zu betrachten. Ob sie jemals wieder vorbeigekommen ist, fragte ich mich, während ich ihre physische Präsenz immer noch zu spüren glaubte. Wie einst im *Café Museum* in Wien, wo ich in meiner Jugend stille Zwiesprache mit den Geistesgrößen Adolf Loos, Karl Kraus, Leo Trotzki und Helmut Qualtinger hielt. Obwohl durch den *Schweizerhof* eher die Geister der Promis Joseph Deiss, Ursula Andress, Gunter Sachs, Lilo Pulver und Vreni Spörri irrlichtern.

Ich frage mich, ob die Messingschildchen den drohenden Umbau überleben werden. Mit der Hoffnung, dass dereinst auch mein Schildchen eine der Sitzbänke zieren wird. Dieses könnte dann, nach meinem Ableben, problemlos aufs schlichte Kreuz aus Lotharholz ummontiert werden, welches ich mir zum Schmuck meiner letzten Einzimmerwohnung wünsche. Auf den Stein würde ich, zwecks Pflästerung des Loebeggens, verzichten, dachte ich mir morbid. Während ich mir das Wiener Konfekt auf der Zunge zergehen ließ.

Pulver gut am Gurten

Vorletzte Woche versetzte mich der üppige Schneefall in eine romantische Winterstimmung. Der Anblick des Innenhofs erinnerte an die Plastiken des Bildhauers Henry Moore. Die geparkten Opels, Toyotas, Puntos, Merzen und Passats (inkl. des meinigen) wurden über Nacht in runde Schneeplastiken verwandelt. Väterchen Winter und Frau Holle hatten die ganze Nacht so kräftig durchgepudert, bis Stadt und Region von einem sauberen, flockigen Schneeduvet bedeckt waren. Wie früher, als Bern noch als Wintersportort galt. Es herrschte absolute Stille. Nur unterbrochen vom gedämpften Sirren der durchdrehenden Pneus vor der schneeglatten Wylereggkreuzung. Dort, wo der Nordring malerisch von der Lorraine zum Wyleregg ansteigt, bevor man im Angesicht des Bürokomplexes beherzt in die Klötze steigen muss. Weil immer wieder stockfuchtelnde Omas wie fragile, trotzige Pistengeräte den Zebrastreifen queren. Chancenlos ob der zu kurzen Grünphase.

Verzaubert lauschte ich auf dem Balkon dem leisen Klirren der Schneekristalle. Pulver gut.

Warum nicht ins Gebirge fahren, fragte ich mich, während ein wegfahrender Audi eine kariöse Lücke in die blendend weiße Zahnreihe der parkierten Rostlauben riss. Zeit, wieder einmal den Gurten unter die Kufen zu nehmen und mit rotglühenden Backen himmelhochjauchzend den Bebehoger hinunterzustauben. Eine Schlittenpartie würde den Kleinen ermüden und lüften, und der Abhub mit der Gurtenbahn ist sowieso alleweil kolossal.

Während wir mit unserem guten alten Davoser von der Gurtenbahn über das winterliche Bern gehoben wurden, gelang es mir, das neue Gastro-Vierkant am Guisanplatz auszumachen, welches selbst von oben die gesamte Allmend dominiert. Die daraus resultierende Laune besserte sich jedoch wieder beim Schlitteln. Danach plünderten wir, durchgefroren wie die Polarforscher, noch das Dessertbuffet und statteten der Tschutschubahn einen Besuch ab. Diese pfuust, sehr zum Ärger des Knäbleins, in der Remise den ganzen Winter bis zum Frühling durch.

Mittlerweile ist der Schnee weg, und die Kacke ist wieder am Dampfen.

Weil der schmelzende Schnee, Schicht um Schicht, all die illegal aufgestapelte Hundescheiße freigegeben hat, welche jetzt hochkonzentriert Land und Wasser überdüngt.

Nur weil einige Leute meinen, im Schnee sei der Gebrauch der Robydogsäcke unnötig.

Holt mich hier raus,
ich bin ein Suppenstar!

Als Jo-Jo-Gewichtiger kämpfe ich stets mit der Passform meiner Klamotten. Alles ist entweder zu groß oder zu klein. Deswegen gibt es bei mir auch wieder mehr Gemüse und so. Als ich jüngst versuchte, mich in eine meiner Bundfaltenhosen zu ranken, ging mir durch den Kopf, dass aus mir vielleicht auch noch einmal ein Musikstar werden könnte. Die Carmen Fenk ist ja auch ein Bomber.

Leider schaffte ich es nur ein einziges Mal, bei Music-Star einzuschalten. Doch selbst bei dieser einmaligen Gelegenheit aktivierte sich nach kurzer Zeit mein Zap-Reflex. Auch Elias Fröhlich vermochte mich nicht wirklich zu fesseln. Der hat ja eine Ausstrahlung wie Sepp Trütsch in Farbe. Gott sei Dank konnte aber mit Arabella Kiesbauer wenigstens ein echter Profi verpflichtet werden. Die fand ich zwar schnuckelig, fühlte mich aber intellektuell überfordert. Weil ich, noch während ich dem munteren Bächlein ihres Redeflusses lauschte, schon wieder vergessen hatte, über was sie eben geredet hatte. Chris von Rohr war schuld daran, dass ich das Ganze überhaupt eine Viertelstunde lang in die gute Stube flimmern ließ. Dem sollte man eine eigene Talkshow geben. Zum Beispiel als Ersatz für den *Mändigs-Apéro*. Dann könnte er mit Tschäppu über das Thema »meh Dräck« diskutieren.

So oder so ähnlich giftelte ich vor mich hin, während es mir endlich gelungen war, meinen Unterkörper im Beinkleid zu positionieren und den Bundverschluss einzuhaken. Zur gleichen Zeit blubberte auf dem Herd eine dünne Gemüsebrühe vor sich hin. Mit einem knappen »Zipp« ließ ich triumphierend den Reißverschluss hochfahren. Nicht ohne jedoch damit ein Hautfetzchen aus meinem Gemächt zu reißen, welches nun für meine übertriebene Hast bluten musste. Von Schmerz und Pessimismus übermannt, versank ich, nach notfallmäßiger Verarztung, in meinem zu weichen Ledersofa und träumte von meinem Urologen. Noch bevor mich das Kanapee endgültig gefressen hatte, weckte mich stechender Suppendampf, welcher allmählich die Fensterscheiben von innen beschlug.

»Holt mich hier raus, ich bin ein Suppenstar!«, entfuhr es mir, noch völlig umnachtet, beim Versuch, mich aus dem roten Ledersumpf hochzuwuchten. Im letzten Moment ließ ich mich, seitlich abrollend, kontrolliert auf das bretterharte Parkett abstürzen und verstauchte mir zudem das rechte Handgelenk. Gerade noch rechtzeitig gelang es mir, das verkohlte Gemüse vom Herd zu ziehen und die Fenster aufzureißen. Am Ende hätte man mich sonst erst nach Tagen, tot und dampfgegart wie ein chinesisches Riesenravioli, aus dem nassen Leder schälen müssen.

Wohnlandschaft auf Stelzen

Ich hatte ein komisches Gefühl. Schon als die beiden krank aussehenden Gorillas von der italienischen Direktimportfirma vor drei Jahren das Möbel bei uns abluden. Eine ungeheuer dekorative rote Replik eines Le-Corbusier-Sofas. Es gefiel mir nicht. Schon das Original muss eine Fehlkonstruktion sein. Die beiden Herren, neben denen Mike Tyson wie Hansi Hinterseer aussehen würde, verbreiteten eine miese Stimmung, wollten sofort kassieren und weigerten sich resolut, das Ding wieder mitzunehmen. So zahlte ich. Weil mir für den Colt die Munition ausgegangen war. Seit ich im Sommer, anlässlich einer Kakerlakenjagd, die ganze Trommel auf meine Resopal-Einbauküche abgefeuert und dabei sechs bleigefüllte Löcher in deren morschen Korpus gestanzt hatte. Nachdem ich mich probehalber in das neu erworbene Stück hatte fallen lassen, brauchte ich über fünf Minuten, um wieder freizukommen. Indem ich die ganze Konstruktion durch heftiges Schaukeln zum Kippen brachte und mich kontrolliert unter dem Berg von Lederkissen begraben ließ. »Ihr kranken Haschfixer!«, schrie ich den Ganoven nach. »Ihr habt wohl zu hohen Blutdruck, aber von der verkehrten Seite, ihr Penner! Wir sehen uns vor Gericht.« Vom Küchenbalkon aus sah ich nur noch den rauchenden Fiat Ducato mit meinen Fr. 7000.– in Richtung Lorraine abbiegen. Danach telefonierte ich mit dem Anwalt. Der machte mir klar, dass ich ein Idiot bin. So habe ich mich aus Kostengründen mit dem Fehlkauf arrangiert. Allein der Ankaufspreis müsste doch irgendeinen Wert garantieren, sagte ich mir und tröstete mich mit dem Gedanken, dass es der Stadt Bern mit der BEA auch nicht besser geht. Ein Abschreiber, aber trotzdem zu teuer zum Wegschmeißen. Nachdem ich festgestellt hatte, dass die Sitzkissen anstatt mit formstabilem, aber teurem Schaumstoff bloß mit alten ungewaschenen Socken und undefinierbaren Faserballen (wahrscheinlich Asbest) gefüllt waren, beschloss ich die Totalsanierung, für welche ich Fr. 1180.– aufwarf.

Jetzt ist der Sitzkomfort tipptopp. Nach dem zusätzlich stabilisierenden Einbau einer Holzplatte liegt allerdings die Sitzkante rund 15 cm zu hoch. Sodass wir mit den Füßen den Boden nicht mehr erreichen können. Jetzt erinnert mich die Wohnlandschaft auf Stelzen an die Zeit der Pfahlbauer. Um den Fehlkauf in ein richtiges Kanapee zu verwandeln, müsste ich jetzt nur noch die Beine kürzen lassen. Aber auf Stummeln würde das Ganze noch lächerlicher aussehen. Es würde jeder sofort merken, dass es sich um eine Kopie handelt. Dann noch lieber als Hochsitz belassen und Fallschirme kaufen. Oder die Kinder beim Fernsehen mit einem Karabinerhaken sichern.

Im Gedenken an Sir Peter Ustinov

Der Frühling braust. Im Tierpark hat es im Wildsaugehege putzigen Nachwuchs gegeben. Sechs allerliebste Frischlinge. Schon sprießt zartes Grün. Auch der Oleander schickt erste Triebe in den Himmel. Im Kontrast zum dürren Christbäumchen, welches immer noch Advent spielt. Alle viere wohlig von mir gestreckt, packte mich jüngst beim Sonnenbad eine gewisse Unruhe. Ein Gefühl wie vor einem Schulwandertag. Zwar hasste ich damals dieses Wandervogelgetue, trotzdem entdeckte ich später, reifer geworden, doch noch meine Liebe zu den Bergen und absolvierte so fast alle Hochpässe der Schweiz. Mittlerweile schone ich aber meine wund gescheuerten Gelenke lieber, obwohl in mir immer noch ein einfacher Naturbursch schlummert. Einer, der gern die Sonne küsst und den es im Frühtau zu Berge zieht (fallera).

In alpinistischen Erinnerungen schwelgend und von einer leisen Sehnsucht getrieben, entschloss ich mich zu einem Besuch der Tiefgarage, um nach meinem roten Spielzeugautöli zu sehen, welches wie ein vergessenes Rüebli den ganzen Winter über tief im Bauch der Stadt vor sich hin gestaubt hatte. Kaum hatte ich das morsche Verdeck zurückgeklappt, ließ ich mich schnaufend in den Sitz des Sportwägelchens plumpsen. Der MX 5 dankte es mir mit einer leichten Seitenlage und einem gequälten Krächzen der Stoßdämpfer. Zu meinem Erstaunen sprangen die 120 Miniaturpferdchen sofort an. Als hätten sie den ganzen Winter über nichts anderes geübt.

Bald rollte ich in meinem Untersatz den Aargauerstalden hinab, um den Blick auf die Altstadt zu genießen. Dort fahre ich oft vorbei, selbst wenn ich eigentlich in eine ganz andere Richtung will. Dabei dachte ich mir, wie schlecht Bern seine Vorzüge touristisch vermarktet. Im Unterschied zur steirischen Metropole Graz, welche ich jüngst wieder einmal besuchte. Diese vermag ihr historisches Stadtbild, die reizvolle Landschaft und die dazugehörigen kulinarischen Spezialitäten punkto Qualitätstourismus viel besser zu nutzen als unsere eigentlich schönere Mutzenstadt. Das dachte ich mir jedenfalls, als ich übermütig den Bärenkreisel dreimal umrundete. Im Gedenken an den leider verstorbenen Sir Peter Ustinov, welcher angeblich bis zu seinem vierten Lebensjahr kein Wort sprach, weil er meinte, er sei ein Auto. Nach den Gedenkrunden tuckerte ich gemütlich den Muristalden hinauf ins Emmental, um dort wieder einmal den Alpenkamm zu begutachten. Auch auf dem Lande grünte es schon, und die Bauernbuben starrten mir nach, als ob ich der Osterhase persönlich wäre.

Die Großmütter
werden auch immer jünger

Früher spürte ich den Frühling auch deutlicher. Ich fönte mich, bis ich aussah wie Rod Steward. Nur um bei der allgemeinen Schulhofbalzerei irgendeine Chance zu haben. Heute spüre ich die schönste Jahreszeit höchstens noch, wenn mir im Gartencenter die euphorisierten Kampfgärtner mit ihren Einkaufswagen in die Achillessehne fahren, nur weil sie an der Kasse als Nächster dran wären. Leute, die wahrscheinlich auch Fußgänger überfahren würden, nur weil die Ampel Grün anzeigt.

Wobei ich zugeben muss, dass auch ich mittlerweile meinen jahreszeitlich bedingten Triebstau mit Gartenarbeit abreagiere. Aus diesem Grunde habe ich auch meinen Gummibaum auf den Küchenbalkon gestellt. Dieser lockert nun, kältestarr und tropisches Ambiente verbreitend, den Blick auf die strenge Fassade des gegenüberliegenden Gebäudes. Während der Winterrückfall eiskalt durch die Wylerstraße heult.

Trotz aller Abgeklärtheit bin ich aber in all den Jahren für die Reize des anderen Geschlechts nicht blind geworden. Je älter ich werde, umso mehr fällt mir zum Beispiel auf, dass die Großmütter immer jünger werden. Wie neulich, als der Kleine im Tierpark unter dem strengen Blick einer eleganten Oma den Sandkasten leer schippte. Bis es nur so staubte und die feinen Claudine-&-Pierre-Klamotten ihres kleinen Lieblings aussahen wie die Überkleider von Gölä. Jedenfalls bevor er uns den *Schwan, so weiß wie Schnee* besang. Aber noch bevor ich anbändeln konnte, war das attraktive ältere

Mädchen, eine Spur Jil Sander hinterlassend, mitsamt ihrem verstaubten Großkind bereits verduftet.

Vielleicht wollte sie ihr Enkelchen bloß vor meinem kleinen Kampfmaulwurf retten. Eventuell fand sie aber auch meine übernächtigte Aura abstoßend. Diese Mischung aus Schweiß, Leder, Tabak und Scotch, welcher ich zwecks Auffrischung eine Spur von Baldessarini-Eau-de-Toilette von Hugo Boss unterlegt hatte. Um wenigstens duftmäßig von meinem kratzigen, ergrauten Stoppelbart abzulenken, der aussah, als ob er an den Augenringen aufgehängt wäre, und, anstatt Flirtbereitschaft zu kommunizieren, meiner Erscheinung etwas Verrucht-Tragisches verlieh. Wie eine dieser von gefährlichen Leidenschaften zerrütteten Dostojewski-Figuren. Das befand ich jedenfalls später, als ich im Badezimmer völlig unvorbereitet auf mein zerknittertes Spiegelbild traf. Dieses drohte mir mit der sofortigen Selbstzerstörung. Falls ich nicht das seit Neujahr versprochene Trainingsprogramm unverzüglich aufnehmen und zwecks Fitness das Auto stehen lassen würde.

Auch den Sportwagen.

Abstimmungssonntag

Zu meiner Schande muss ich sagen, dass ich eine halbe Stunde zu spät vor dem verschlossenen Wahllokal stand. Peinlicherweise, nachdem ich den ganzen Vormittag lang meiner europäischen Begleitung über die Vorzüge unserer direkten Demokratie doziert hatte.

Trotzdem ging es mit dem Roadster ins schöne Emmental. Nach Trachselwald, mit dem mich viele Kindheitserinnerungen verbinden. Das mittelalterliche Schloss diente uns einst als Kulisse für unsere mit infernalischem Gebrüll geschlagenen Holzschwertschlachten gegen imaginäre Habsburger oder schurkische Vögte. Besonders hatte es uns der Burgfried mit seinen interessanten Kerkern angetan. Dort ist noch das Loch zu bestaunen, in welchem man vor 350 Jahren den Bauernführer Niklaus Leuenberger an die Holzpritsche gekettet hatte, bis ihm das Schwert der damaligen Obrigkeit für immer das Wort abschnitt. Da könnten die Verhörspezialisten von der US-Army ja direkt noch etwas dazulernen, dachte ich mir beim Anblick dieser schaurigen Folterkammer. Dabei empfand ich eine tiefe Trauer, wie ich sie früher als Bub an diesem Ort nie so empfunden hatte. Vielleicht, weil wir damals in unserer kindlichen Fantasie sowieso in der Zeit des Bauernaufstandes lebten und ohnehin planten, den armen Leuenberger mit unseren Sperrholzhellebarden da herauszuhauen. Um erneut gegen Bern zu ziehen und es noch einmal auszufechten. Doch die Geschichte verlief leider selten so, wie man es sich heute, als modern denkender Mensch, wünschen würde. Zum Glück wird man heute wenigstens nicht mehr gevierteilt. Nicht einmal, wenn man die Abstimmung verlauert. Wir sind ein einig Volk von Brüdern und Schwestern. Oder vielleicht doch nicht ganz?

Haben die Trachselwalder am Ende doch noch ein Hühnchen mit den Bernern zu rupfen? Sonst hätten sie womöglich das Bümpliz-Tram nicht mit 179 zu 82 Stimmen bachab geschickt. Vielleicht sehen sie aber auch nicht ein, warum sie unseren Öffentlichen Verkehr mitfinanzieren sollen, während man ihnen das Postauto streichen will. Das erzählte mir jedenfalls die freundliche *Tanne*-Wirtin. Allmählich tut mir unsere Regierung leid. Man sollte im Interesse der Stadt endlich bauen können. Weil irgendwann einmal etwas gebaut werden muss. Spätestens wenn uns der morsche Hauptbahnhof auf den Deckel fällt oder die Trachselwalder wegen der hohen Spritpreise und dem fehlenden ÖV nach Bümpliz flüchten müssen und Bern mobil mit seinen Busverbindungen an die Grenzen stößt. Hoffentlich reichen die Mittel dann wenigstens noch für den Bau einer Offroad-Schotterpiste. Für unsere alternativen Mountainbiker und die Geländewagen.

Nullwachstum trotz Wilhelm Busch

Während ich mit dem stillen Hasen in Bregenz und Ulm gastierte, hatten sich die Milben und Läuse über meinen Balkon hergemacht. Dieser vermittelte zwar vor meiner Abreise noch ein mediterranes Ambiente, hatte jedoch während meiner Abwesenheit enorm gelitten. Die meisten Pflanzen befanden sich aufgrund des Dauerregens und der fehlenden Sonne im Verwelkungsstadium.

Anstatt des frischen Duftes von Rosen, Minze, Kresse, Rosmarin und Melisse unterlegte ein leichter Modergeruch die Szenerie. Wie zu Allerheiligen. Das versetzte mich in eine melancholische Stimmung. Vor allem wegen der beiden gelbsüchtigen, dürren Kiffstauden, welche zwar von den Parasiten verschont geblieben waren, mich aber mehr und mehr an gemeine Brennnesseln als an Cannabis erinnerten. Um ihnen gut zureden zu können, hatte ich ihnen die Namen Urs und Bob gegeben. Wahre Meister der grünen Kunst wissen drum, dass beruhigendes Rezitieren der Werke von Wilhelm Busch eine positive Wirkung auf Wachstum und Gesundheit von Topfpflanzen erzielt. Ich versuchte es mit *Max und Moritz,* was aber auch zu keiner Steigerung der Blattmasse führte. Selbst die dekorativ in den Büschen drapierte Polo-Hofer-Figur hatte keinen therapeutischen Erfolg erzielt. Dafür zogen die beiden dürren, hoch aufgeschossenen Stengel schön langsam die Blicke der Nachbarn auf sich. Zwecks Täuschung dekorierte ich daher den Hanf mit rosa Papierblumen aus der Bastelzentrale. Das Ganze sah aus wie eine Mischung aus japanischer Kirschblüte und dem Spätherbst im Lötschental.

Genervt ob der unbefriedigenden Tarnung, begann ich, das illegale Kraut zu verfluchen. »Dieser welke, psychedelische Salat muss endlich weg!«, entfuhr es mir. Danach ließ ich die beiden lächerlich dekorierten Hanfwedel beleidigt auf der Terrasse stehen und tapste durch die dunkle Wohnung zum Kühlschrank.

Gedankenverloren öffnete ich die Tür und stand sogleich geblendet im gleißenden Licht der Innenbeleuchtung. Danach kam mir die rettende Idee. Ich evakuierte den Panzerkäse in den Keller und räumte dafür meine Hanfplantage ein. Im Miele haben meine Schützlinge wenigstens immer Licht, dachte ich mir noch, als ich den Thermostat zurückdrehte und die beiden aufgeputzten THC-Produzenten endgültig ihrem Wachstum überließ. Ich musste den Regler wohl in die falsche Richtung verstellt haben, denn als ich am nächsten Tag einen Blick in meine Indoor-Anlage werfen wollte, war das Hippiekraut schockgefroren und von Raureif bedeckt. Ernüchtert beschloss ich, mit dem tiefgefrorenen Pflanzenmaterial einen Sud anzusetzen und damit gegen die Parasiten in den Krieg zu ziehen.

Von Hip-Hop- und Hippiehosen

Wer eine Tochter hat, die langsam erwachsen wird, der ahnt, wie schwierig es mitunter ist, die richtigen Klamotten zu finden. Hose ist nämlich nicht einfach Hose. Da gibt es feine Unterschiede. Zum Beispiel R'n'B-, Techno-, Hippie- oder Hip-Hop-Hosen. Letztere waren jüngst gefragt, weil sich das Kind entschlossen hatte, zusammen mit ihren Kumpels einen Hip-Hop-Tanzkurs zu besuchen. Hip-Hop-Hosen in ihrer Größe sind aber zur Zeit nirgends zu finden. Jedenfalls nicht bei C&A, Metro oder H&M. Dort hatten sie nur dieses alte Zeugs aus der Zeit, als Britney noch einen auf brav machte. Die passende Buxe war auch in jenem nervigen Laden nicht zu finden, in dem sich für meinen Geschmack allzu viele hübsche junge Girls nabelfrei durch die Regale probierten.

Plötzlich fühlte ich mich doch ziemlich betagt in meiner Blueskluft und zog es deshalb vor, draußen zu warten. Lässig winkte ich einigen Bekannten zu, welche ich schon fünfzehn Jahre nicht mehr gesehen hatte. Die sahen scheiße aus. Im Unterschied zu früher. Ich sah früher schon scheiße aus und konnte mich daher an diesen Zustand gewöhnen. Da ich mich aber seit fünfzehn Jahren kaum verändert habe, sehe ich heute im Vergleich noch relativ gut aus. Das dachte ich jedenfalls, bevor plötzlich eine leichte Besorgnis mein väterliches Gehirn durchzuckte. Muss es denn unbedingt Hip-Hop sein? Klar, ich stehe auf Greis, Missy Elliott, MC Solaar und Eminem.

Trotzdem fragte ich mich völlig paranoid, ob ich denn

auch cool bleiben würde, wenn sie mir dereinst einen Typen wie 50 Cent anschleppen würde. Weihnachten wäre nicht mehr dasselbe. Womöglich würde sie sich eine Uzzi zum Christfest wünschen. Zum Glück rüttelte mich das Herzenskind aus meinem apokalyptischen Wahn. Kein passendes Beinkleid in ihrer Größe. Ich versprach ihr, es nächste Woche in einem Laden Namens Pitbull zu versuchen.

Ich als Hippie hatte es da einfacher, dachte ich mir auf dem Heimweg. Ich hatte bloß eine verlöcherte, vollgekritzelte Jeans, die ich trotz massiver Drohungen selbst nachts nicht auszog. Für die Bekleidung der oberen Körperhälfte sorgte ein stinkender ungarischer Hirtenteppich, den ich mir selber zum Gilet zurechtgeschneidert hatte. Gekrönt wurde das Ganze von einer unbeschreiblichen Frisur. Ich sah aus wie eine Mischung zwischen Yeti und Charles Manson.

Grinsend schwelgte ich in meinen Erinnerungen, bis mich plötzlich der kalte Hauch der Vergänglichkeit ins Jetzt zurückriss und ich die seither vergangene Zeit physisch zu spüren meinte.

Die einzigen Balkanesen

Nachdem wir den Winter über im seichwarmen Wasser des Kinderbeckens im Wylerhallenbad herumgeplanscht hatten, waren wir froh, als wir am letzten Dienstag endlich wieder einmal in die KaWeDe konnten. Der Kleine war hundemüde und schlief beizeiten. So konnte ich mich völlig entspannt an den Bärbeißer machen. Wenn ich alleine bin, weicht manchmal plötzlich jede Energie von mir, und ich träume schlecht.

Am letzten Dienstagabend war von einer solch trüben Stimmung keine Spur. Alles war in perfekter Harmonie. Einem Country-Special mit Christoph Schwegler lauschend, verspürte ich sogar so etwas wie ein einfaches Glücksgefühl. Das wirkliche Leben, durch das ich leider nur allzu oft rase wie ein Elefant durch den Porzellanladen.

Deshalb störte plötzlich auch ein leichtes inneres Defizit mein heiteres Gefühlsszenario. Bin ich am Ende an allen wichtigen Dingen des Lebens vorbeigerast, weil auch in mir ein kleiner Jugo steckt? Eine dramatische slawische Seele, ererbt von meiner slowenisch sprechenden Großmutter aus Kärnten. Darauf war ich zwar immer stolz (und bin deswegen wahrscheinlich der letzte Bewunderer von Josip Broz Tito), aber sind diese slawischen Wurzeln am Ende schuld an meiner inneren Unrast? Sollte es tatsächlich an meiner teils slowenischen Herkunft liegen, dass ich zum Auftakt der Badesaison dem Kleinen anstatt eines dieser blöden Gummienteli ein Motorrennboot mit Spoiler zum Aufblasen geschenkt hatte? Sah ich in den Augen des Buben nicht dieses gefährliche Aufblitzen, als ich mit ihm durch die Fluten des

KaWeDe-Beckens rauschte? Habe ich ihm diesen typischen balkanischen Spaß an der Geschwindigkeit am Ende gar weitervererbt? Dieser Verdacht verflüchtigte sich aber, als ich mir die Gofen genauer anschaute, welche schrill kreischend die Wasserrutschbahn herunterrasten. Da waren sogar Afrikaner, Schweizer, Inder, Amis und kleine Chinesen dabei. Sogleich kam mir der Verdacht, dass wir beide sogar die einzigen Balkanesen in der Badi waren.

Plötzlich wurde ich hässig darüber, wie man im Moment versucht, das Rasen zu jugoisieren. Als ob unsere eigenen Endrohrdeppen einen Deut besser wären. Wenn sie den abendlichen Frieden stören, in dem sie auf der Wyleregg-Kreuzung die Motoren ihrer tiefergelegten PS-Monster aufheulen und Gummi liegen lassen. Von mir aus sollte man jedes Auto über 100 PS lückenlos per Satellit überwachen, weil bei gewissen Marken die Raserei zum Marketingkonzept gehört. Die Bußen kämen dann direkt per Monatsabrechnung. Und überhaupt: Wer wirkliche Raser beobachten will, der schaue sich an, wie wir Schweizer in Deutschland fahren. Wie die Henker!

Fast wie zu Hause

Auftritte bei unserem nördlichen Nachbarn sind für mich stets etwas Besonderes. Offensichtlich mögen uns die Deutschen immer noch. Wahrscheinlich aus einem anthropologischen Interesse heraus. Das vermutete ich jedenfalls, als ich jüngst mit dem ICE von Basel aus über Frankfurt und Köln ins schöne Ruhrgebiet düste, um dort in Dortmund an den zwei darauffolgenden Abenden mit meinen Mithasen ein zwar kleines, aber dankbares Publikum mit unseren berndeutschen Songs zu beschallen. Obwohl wir den Dialekt des Publikums genauso wenig verstanden wie dieses den unseren. Wenn wir es im Ruhrpott schaffen würden, spekulierte ich, dann könnten wir uns nach und nach vielleicht sogar bis zu den verstaubten Goethe-Instituten am Fuße des Urals durchschlagen und so die kulturelle Präsenz unseres Landes ost-erweitern. Das könnte wiederum indirekt den Absatz unseres Subventions-Emmentalers fördern.

Während also der Zug mit 200 Sachen kerzengerade die Landschaft Süddeutschlands durchpflügte, baute ich im Geiste wieder einmal unsere Volkswirtschaft um. Zeitgleich plagte mich ein leichtes, aber stetig zunehmendes Hüngerchen, welches mir immer stärker am Nerv sägte, je länger sich die Anfahrt hinzog. Ich hatte es, in der irrigen Annahme, dass man in deutschen Zügen etwas Besseres vorgesetzt bekäme als bei uns, verabsäumt, mich mit einem ausreichenden Vorrat an Appenzeller Biberli auszustatten. Zudem erschien mir die Fahrt durch das Ruhrgebiet endlos. Von Duisburg nach Dortmund fühlt man sich so, als ob man anstatt nur zwei Minuten eine volle Stunde lang in den Bahnhof von Olten einfahren würde. Kein Wunder, dass ich ob dieses wenig berauschenden Anblicks nach gut vierstündiger Bahnfahrt in einen kurzen Schlummer fiel. Mir träumte von einem Selecta-Automaten voller Kägi-Frets. Als ich in Essen erwachte, plagte mich noch immer der Hunger. Eine Viertelstunde später im Dortmunder Hauptbahnhof konnte ich der Versuchung, meine Zähne in eine lauwarme Türkenpizza zu schlagen, nur deshalb knapp widerstehen, weil ich mich rechtzeitig in das klapprige Taxi von Herrn Ali Ozmen werfen konnte, der mich in rasender Fahrt ins Hotel Hilton rettete. Dort half mir eine Portion Chili con carne über das Schlimmste hinweg. Rudimentär gesättigt, kam fast so etwas wie ein Heimatgefühl auf. Die Bohnenspeise schmeckte wie bei der SP Bern-Nord am 1. Mai. Auch sonst erinnerte Dortmund stellenweise an Bern. Der Bahnhof sieht aus wie unsere Christoffel-Passage. In der Innenstadt findet man alle paar Meter ein Uhrengeschäft. Mit den Marken Omega, Eterna, Rado, Tissot, Rolex etc., nur wesentlich billiger. Man könnte sich wie zu Hause fühlen, würden nicht die bei uns allgegenwärtigen Sprayereien und Kritzeleien fehlen. Auch billige Plastikstühle und Nestea-Schirme, ohne welche sich unsere Gastronomen am Bärenplatz bereits in den Ruin getrieben sehen, fehlen gänzlich.

Ein Berner in Berlin

Der Zug donnerte durch das flache Brandenburg mit all seinen Windrädern und baufälligen Bahnhöfen. Wie gut wir es doch haben in unserer kleinen Schweiz. Bei uns sieht es ja in den strukturschwachen Gebieten immer noch aus wie in Herrliberg am Zürichsee. Wir können es uns sogar leisten, eine NEAT zu graben, ohne zu wissen, wo diese wieder ans Tageslicht kommen soll. »Am besten in Lörrach!«, giftelte der Kantönligeist in mir. »Baden-Württemberg zum Stauraum ausbauen. Die sind so was gewöhnt, haben Platz und sind zudem gutmütige Menschen. Sonst hätten sie sich ja schon viel früher über die Flieger aufgeregt!« Das Gepolter in meinem Kopf ging just im selben Moment los, als der Europäer in mir, angesichts des gigantischen Projektes »Aufbau Ost«, in tiefem Respekt und Mitleid für die Deutschen versank.

»Ihr hättet halt nicht so groß werden sollen, ihr Deutschen!«, hässelte der vaterländische Gnom weiter. Worauf mein innerer Europäer entgegnete, dass es immer noch besser sei, von einer harten Parkbank aus in die Weite zu blicken, als ewig auf dem Corbusier-Sofa sitzend den Karabiner zu putzen und dabei ständig nur den eigenen Bauchnabel anstarren zu müssen. Nur weil man fürchtet, dass man sich fürchten könnte. »In Berlin hättest du mit deinem Berndeutsch sowieso keine Chance«, stichelte das innere Gespenst weiter, »da müsstest du schon wie der Gölä englisch singen!« – »Mit Englisch wärst du nicht einmal bis Dortmund, geschweige denn bis Berlin gekommen!«, tönte es beleidigt aus der entgegenliegenden Ecke des Gehirns zurück. Dieses Gezeter ging noch eine ganze Weile so weiter. Bis endlich der ICE mit kreischenden Bremsen den blöden Disput beendete.

In Berlin angekommen, fühlte ich mich sofort wie zu Hause. Obwohl die Gegend um den Bahnhof Zoo den Eindruck erweckt, als ob der Kommunismus gesiegt hätte. Ganz anders dagegen das Regierungsviertel und die Museumsinsel. Dort bekommt man einen Eindruck, was aus der endlich vereinten Spreemetropole wieder einmal werden könnte. Bei uns hingegen ahnt man bloß, was Bern einmal war. Trotzdem haben die beiden Hauptstädte viele Gemeinsamkeiten.

Beide führen den Bären im Banner und sind pleite. Berlin hat die Spree, wir die Aare. Dort gibts das KaDeWe, bei uns das KaWeDe. Sogar die Namen ähneln sich. Würde man im Wort Berlin das »li« herausnehmen und hinter das n setzen, dann wäre das die helvetische Verkleinerung von Bern. Nämlich das »Bernli«. Berlin hat den Alexanderplatz, wir den Bundesplatz. Dieser setzt endlich einen Kontrapunkt zur Architektur des Bundeshauses. Einige Spötter nennen ihn wegen Alex Tschäppät »Alexanderplatz«. Warum auch nicht? Immer noch besser, als wenn man ihn wegen des Wasserspiels »Wasserfallenplatz« nennen würde.

Ostseewellen

Der Auftritt im Tränenpalast war ein Großerfolg in kleinem Rahmen. Trotzdem fragte ich mich schon am Morgen nach dem Gastspiel, ob ich denn nicht zur Abwechslung einmal in einen Dorsch beißen sollte. Anstatt die Zähne immer nur in die Currywurst zu schlagen. Jever, Matjes, Aquavit und La Paloma anstatt Currywurst und Tiramisu. Zudem sah ich anlässlich eines Stadtganges durch Berlin den ersten wandelnden Balkangrill. Diese findige Ich-AG hatte sich den glühenden Rost um den Hals gehängt, die dazugehörende Butangaskartusche auf den Rücken geschnallt und jagte so, mit geröteten Augen und rauchenden Bratwürsten, dem Euro hinterher. Im Ernstfall kann er sich die Kremierung sparen, ging es mir durch den Kopf. Seine Kunden würden aussehen wie das feilgebotene Grillgut. Für den Rest des Tages hirnte ich nur noch an den verschiedenen Bestattungsarten herum, welche einem im Falle des Ablebens zur Auswahl stünden.

Es ging nach Kühlungsborn an der Ostsee. Dort starrte ich drei Tage vom Balkon aus in die aufgewühlte See und zählte die Möwenschisse am Geländer. Es regnete pausenlos, dafür war es komfortabel. Die Rückreise hingegen gestaltete sich um so enger. Mein Ischiasnerv meldete sich wieder einmal. Für den Rest der Reise stand ich lahm im Gang. Plötzlich packte mich die Eisenbahnromantik. Die Erinnerung an eine Zeit, als die Reise im Schlafwagen noch ein Fest der Sinne war. Man konnte das Fenster öffnen und die Landschaft riechen.

Erst die Einfahrt nach Bern tröstete mich ein wenig. Die Lorraine, der Fluss, die Brücken. Altstadt von hinten, Schützenmatte und dann schwupp. Verschwunden im Loch. Eine Bekannte aus Deutschland lästerte jüngst, dass sie bei der Ankunft im Bahnhof Bern immer das Gefühl habe, in einer Autoeinstellhalle gelandet zu sein. Man gewöhnt sich daran, entgegnete ich ihr leicht gekränkt. Wegen so etwas verlasse man die Stadt, die man liebt, nicht. Selbst wenn man alle paar Meter in einen Kaugummi steigt und einem während der Abwesenheit der Passat von einem Bagger abgeändert wurde. Sodass er jetzt aussieht wie die Karre der Blues Brothers.

Um weiteren Sticheleien aus dem Wege zu gehen, lotste ich die schadenfreudige Dame dezent an unserem Bahnhofsplatz vorbei. Zu den Taxis. Wen mag es wundern, dass ich mich plötzlich nach einem maritimen Aspekt sehnte. Nach einer Welle. Nur einer einzigen. Bitte!

Siebenmeilenstiefel

Flugzeuge sind mir zuwider. Spätestens seit die Propeller-
maschinen durch Jets ersetzt wurden und meine anfängliche
Begeisterung für die Aviatik durch dieses flaue Gefühl verdrängt wurde, welches mich jedes Mal befällt, wenn ich nur
schon ein Flugzeug aus der Ferne sehe. Dies, obwohl auch
mich manchmal die Sehnsucht befällt, einfach abzuheben.
Wie in den Träumen der Kindheit. Als ich noch die Sieben-
meilenstiefel anhatte und leicht wie eine Daune über die Hügel schwebte. Zusammen mit Hexen und Feen, welche, vom
Gebrauch ihrer verbotenen Salben beflügelt, mit mir den
imaginären Luftraum teilten. Die Fähigkeit zum Flugtraum
ist mir leider im Laufe des Erwachsenwerdens abhandenge-
kommen. Wahrscheinlich, weil ich zu schwer geworden war.
   Vielleicht hätte ich den Traum vom Schwebeflug endgültig aufgegeben, hätte ich nicht anlässlich eines Konzerts für
dessen Firma Herrn Peter Blaser aus Hasle-Rüegsau kennengelernt. Einen erfolgreichen Unternehmer, kunstsinnigen
Menschen und souveränen Piloten. Dieser lud mich zu einer
Ballonfahrt ins Emmental ein. Das ließ ich mir, obschon von
nagelnder Flugangst gepeinigt, natürlich nicht entgehen. Ich
wollte immer schon wissen, wie es ist, von einem kugeligen,
in seiner Form dem meinen nicht unähnlichen Körper der
Gravitation enthoben zu werden.
   Die Aussicht auf dieses Abenteuer ließ mir nächtelang
keine Ruhe mehr. Bis wir schließlich bei idealem Wetter
in Trachselwald abhoben. Am Schloss vorbei, über die Dä-
cher, Bauerngärten und Bäume der Ortschaft, trug uns die

heiße Luftblase langsam Richtung Ramsei. Dort sah ich, wie sich das Bähnli wie ein Tausendfüßler Richtung Sumiswald schlängelte und dabei verzweifelt pfiff. Als ob es gegen seine eigene, aus Spargründen geplante Stilllegung protestieren wollte. Danach trieben wir der Emme nach Richtung Lützelflüh. Dann ließ Peter Blaser den Brenner auffauchen, und der Ballon stieg, nachdem der Flughafen Belpmoos benachrichtigt wurde, bis auf fast 3000 Meter. Klein und verletzlich erschienen mir plötzlich die grünbewachsenen Hügel. Das Emmental gemahnte mich an die faltige Haut eines großen, lieben Tieres. Die Flüsse sahen aus wie Adern, die Straßen wie Sehnen. Zur Linken erhob sich die Alpenkette, rechts verlor sich der Jura im rotbraunen Dunst der Abgase. Ergriffen schwebten wir eine Weile in der Einflugschneise von Belpmoos herum. Nur ab und zu störten die rasenmäherähnlichen Geräusche nerviger Kleinflugzeuge die Stille. Als es uns zu kühl wurde, stiegen wir wieder ab und landeten kurz darauf, nur einige Meter von der Firma Blaser entfernt, sanft in Hasle-Rüegsau. Seither überlege ich mir ernsthaft, ob ich mein Sportautöli nicht mittels eines Ballons zu einem Luftschiff umbauen sollte.

Die Jugend ist besser als ihr Ruf

Seitdem ich gehört habe, dass sogar auf Ueli Maurers Gartensitzplatz einige Hanfstauden aufgespürt wurden, bin ich gottefroh, dass mein Versuch, im Kühlschrank eine Indoor-Plantage anzulegen, gründlich fehlgeschlagen ist. Sonst hätte ich im Entdeckungsfall womöglich vorgeben müssen, aus den Pflanzen hobbymäßig Hanfseile drehen zu wollen.

Oder aber ich hätte die ganze Affäre den Kindern in die Schuhe schieben müssen, weil diese noch nicht straff mündig sind. Das wäre allerdings unglaubwürdig. Der Kleine ist erst vier und steht mehr auf *Tom und Jerry* als auf psychedelische Trips. Die Große hingegen findet Kiffer ungefähr so prickelnd wie den Ueli Maurer oder die Sendung *Samschtig-Jass*. Die Jugend scheint mir besser als ihr Ruf. Um diesen zu verteidigen, wäre ich sogar bereit, meine gesammelten Urinproben einzuschicken. Vorausgesetzt, der SVP-Präsi würde auch mitmachen.

Vielleicht sollte ich es einmal mit Champignons probieren, die würden das Mikroklima meines SIBIR vielleicht besser vertragen als der Hanf. An dieser Alternative studierte ich herum, als ich wieder einmal, von einem Verbrennungsmotor beschleunigt, auf vier Rädern durch die Lorraine stadtauswärts rollte. Dabei tastete mein Blick die Fassaden nach den Blüten der verdammten Staude ab, welche auf den Balkonen unserer Stadt vielerorts die einst übermächtig vertretenen Suufbrüederli verdrängt hat.

Gesetz ist Gesetz, dachte ich mir, das *Du Nord* links liegenlassend, und obwohl es erwiesen ist, dass ein gelegentlicher Heilschlaf auf einem würzigen Duftchüssi die Symptome gewisser Erkrankungen lindern kann, beschloss ich für mich, das verbotene Kraut in Zukunft möglichst zu meiden. Vor allem, weil wir ja in der Schweiz pharmakologisch nicht gerade unterversorgt sind. Ein Ponstan oder einige Tropfen Tramal helfen im akuten Schmerzfall allemal besser. Zudem sind diese Präparate jederzeit legal und krankenkassenfinanziert gegen Rezept in der Apotheke erhältlich. Ich lasse mich doch von unserem sturen Nationalrat nicht zum notorischen Lügner machen.

Während mir all dies durch den Kopf ging, fuhr ich an unserem zukünftigen Stadion vorbei, und eine kleine Schadenfreude stieg in mir hoch. Jetzt dürfen die Zürcher mit dem Tram, das wir nicht haben, um ihr Stadion herumkurven, das sie nicht haben. Und das alles wegen der Demokratie. Ein schweizerisches Schicksal. Dabei beschäftigte mich die Frage, ob politische Sturheit sich auch architektonisch zu materialisieren vermag, anstatt die Bautätigkeit immer nur zu behindern. Das wäre womöglich noch schlimmer.

Herbstspaziergang

Die Zeitungen sind wieder einmal voll mit Tipps gegen den sogenannten Novemberblues. Als jemand, der das ganze Jahr den Blues hat, frage ich mich allerdings, was denn das genau sein soll. Nur weil man noch nicht weiß, welchen Krempel man den Mitmenschen zu Weihnachten unter den Baum werfen will, hat man doch noch lange keinen Blues. Gegen die seelische Herbststimmung hilft doch alleweil ein Spaziergang an der frischen Luft. Das dachte ich mir jedenfalls, als ich kürzlich den Aargauerstalden hinunter und den Muristalden wieder hinaufmarschierte, um den Obstberg zu besteigen und danach noch den Egelsee fitnesshalber zu umrunden.

Bei dieser Gelegenheit fiel mir wieder einmal Renzo Pianos Museumsbau ins Auge. Tolle Sache. Wenigstens darüber muss man nicht streiten. Damit verfügt Paul Klee wahrscheinlich, neben der BEA und dem Mystery Park, über die größte Präsentationsfläche im Kanton. Übertroffen vielleicht nur noch vom VBS mit seinen Tausenden überflüssigen Panzern. Aber das ist ja auch irgendwie Kunst. Trotzdem fragte ich mich auf dem folgenden Marsch Richtung Wankdorf, was uns denn der spendierte Bau so kosten wird. Bei der momentanen Überkunstung in Bern. Trotz der Freiwilligen, die künftig die Zwitschermaschine bewachen sollen. Frei nach der Devise, »Kunst ist umsunst«. Schwerer Kunstraub scheint mir da schon fast vorprogrammiert. Der Imageverlust für die Stadt Bern wäre immens. Eine Lösung wäre höchstens, den welligen Prachtbau zum Gebäude ohne

Portefeuille zu ernennen. Zum weltersten Museum für ungenutzte Ausstellungsflächen. Man würde so wenigstens die Heizkosten sparen.

Eine alternative Möglichkeit wäre aber auch ein Museum für Bausünden. Man könnte zum Beispiel das Novotel am Guisanplatz problemlos darin versorgen. Vorausgesetzt, man würde es legen, anstatt es stehen zu lassen, und dann hochkant, von der Autobahn her, in die hangarähnlichen Blasen einschieben. Damit sei aber nichts gegen das Preis-Leistungs-Verhältnis des Novotel-Betreiberkonzerns gesagt. Auch nichts gegen das Personal. Von dessen Freundlichkeit ich mich während eines Aufenthalts in einem Zürcher Ibis-Hotel persönlich überzeugen konnte. Es hatte alles, was der Mensch so braucht. Ein bretterhartes, aber gutes Bett, in dem ich zufrieden schlief. Wie ein Buchenscheit. Einen rudimentären Wellnessbereich, bestehend aus WC, Plastikduschkabine, Plastikbecherli, Handtuch, Kernseife, Fernseher und Telefon. Wie im Mobilhome an der Camping-Ausstellung. Und das alles zu einem erschwinglichen Preis. Nur passt die Zürcher Herberge besser ins dortige Clubghetto als der hiesige Alukorpus zur Allmend.

Füdlitätsch nach Krampusart

Für kleine Kinder gibt es nur einen Samichlaus. Obwohl es am Chlausenabend in Bern von herumirrenden, die richtige Kinderkrippe suchenden Rauschebärten nur so wimmelte. Das war irgendwie irreal. Zumal unserer der echte war. Da müssten massenhaft falschen Chläuse unterwegs sein, mutmaßte der Kleine, und ich stimmte ihm zu. Zur Zeit meiner Kindheit in Kärnten gab es schließlich auch nur einen Nikolaus. Der hieß Nikolo und brachte zwar Apfel, Nüsse und Datteln, hatte aber ein teuflisches Gefolge. Die Krampusse. Mit Masken, Fellen, Ketten und Kuhhörnern kostümierte Ausgeburten der Hölle, welche sich die bösen Kinder schnappten und mit der Rute züchtigten, bis diese versprachen, wieder brav zu sein. Die Rolle der Krampusse übernahmen die mit Schnaps und Most zugedröhnten ledigen Burschen des Dorfes. Der weihrauchschwingende Pfarrer begleitete, quasi als Anstandswauwau, diesen wilden Haufen, welcher sich natürlich auch die bösen Mädels zwecks symbolischer Bestrafung holte. Die ließen sich das oftmals gerne gefallen. Weil sie genau wussten, wer die Leibhaftigen hinter den Teufelsmasken waren und dass unter den Fellen oft mehr pochte als nur verliebte junge Herzen. Nachdem der Pfarrer und der Nikolo schwankend abgedampft waren, ging die Party meist erst so richtig los. Das Ganze nannte sich Krampusjagen und war für mich stets der Höhepunkt des Kirchenjahres. Deswegen wisse man bei den Septemberkindern oft nicht so genau, ob sie nun Engerl, Teuferl oder gar ausgemachte Satansbraten seien, wollte mir jedenfalls meine Großtante weismachen. Die musste es ja wissen. War sie doch die Wirtin der übelst beleumundeten Räuberhöhle weit und breit.

Bei uns gibt es leider nur liebe Chläuse und keine Krampusse, obwohl es genug abzustrafen gäbe. Der Ständerat zum Beispiel hätte für sein absolutistisches Kulturverständnis eindeutig die Rute verdient. Ließ er sich doch wegen einer Ausstellung des Künstlers Thomas Hirschhorn zum Versuch hinreißen, die Pro Helvetia nach Gutsherrenart mit der Subventionsrute blocherkompatibel domestizieren zu wollen, und löste damit gleich eine allgemeine kulturpolitische Füdlitätsch-Affäre aus. So was schafft sonst nicht einmal der Schlingensief. Vielleicht hätte Meister Hirschhorns Chlausensack gescheiter mit einem Schweizer Werkjahr gestopft werden sollen. Damit er endlich die Möglichkeit hätte, sich mit seinem Thema differenzierter auseinanderzusetzen. Als Anerkennung für die enorme künstlerische Leistung, sich als intelligenter Mensch bewusst auf das Niveau der Zürcher SVP-Plakatkünstler hinunterzusenken. Dieses Verhalten mag vielleicht ein zivilrechtliches Verfahren wegen Ehrbeleidigung rechtfertigen, keinesfalls aber die Sippenhaftung. Das denke ich mir jedenfalls, als gelegentlich selber im Ausland unter dem Banner von Pro Helvetia segelnder Kulturtäter.

2005

Ein Jahr der Jahrestage. 60 Jahre Kriegsende. 16 Jahre Stiller Has. Vor 30 Jahren erhielt ich 3 Monate bedingt wegen Handels mit Hanfimitaten. Außerdem begehe ich 2005 mein 50. Wiegenfest. Fast wäre es mein letztes geworden, weil mich die Grippe umgebracht hätte. Wochenlang fieberte ich durch Zeit und Raum. Dabei befand ich mich immer noch im selben, erst im Juni enden wollenden Winter. Während einer Flugreise nach Berlin kaufte die Lufthansa unsere Swiss auf. Just zur selben Zeit, als mich eine Maschine der unglücklichen Swissair-Nachfolgegesellschaft im Düsentrieb an die Spree beförderte. Ich fand das, im Unterschied zu den am Boden bleibenden Kleinanlegern, nur halb so schlimm. Schließlich stammte meine Mama aus Österreich, und damit bin ich ja ein halber Europäer. Das Wichtigste ist doch, dass man am Leben bleibt, dachte ich mir nach der Landung. Weitermachen. Nicht wie Johannes Paul II., Harald Juhnke oder Fürst Rainier von Monaco. Das waren alles Nichtraucher.

Hühnerfrikassee

Kaum hatte ich mich aus dem dampfenden Mantel befreit, als ich durchgegart vom Weihnachtseinkauf nach Hause kam, da fiel ich sofort in einen tiefen Erschöpfungsschlaf Die heizen in den Kaufhäusern wie die Irren. Das grenzt ja an vorsätzliche Körperverletzung. Ich träumte, kaum war ich auf das Sofa gesunken, mein Fleisch würde mir wie bei einem dreimal aufgewärmten Suppenhuhn von den Knochen fallen. Das ist doch alles Psychoblödsinn, der morbide Wiener in dir, Endo, so wach doch endlich auf, schimpfte ich mich selber. Das gehört nicht in den Bärbeißer. Höchstens der Bär würde sich vor gar nichts mehr grausen und sich das blockförmig tiefgefrorene Hühnerfrikassee (ein misslungener Versuch) einverleiben, welches seit letztem Jahreswechsel im Tiefkühlfach lagert und mir plötzlich wieder in den Sinn kam. Der Gedanke an dessen Entsorgung ließ mich aufwachen.

Benommen torkelte ich ins Badezimmer und fühlte mich irgendwie erleichtert, aber trotzdem nicht wirklich gut. Die grauen Strähnen und die hängende Visage sind doch normal für einen, der stets alle wohlgemeinten Tipps bezüglich gesunder Lebensführung ignoriert hat. Das sagte ich zu mir selbst, kritisch mein Spiegelbild betrachtend. Es zog sich irgendwie nach unten. Ich konnte das Gewicht des Fleisches im Stirn- und Jochbeinbereich förmlich spüren. Auch das Kinn schien einer verstärkten Gravitation ausgesetzt zu sein. Das bewirkte wiederum, dass sich die Unterlippe nach unten zog und eine Reihe endlos langer Zahnhälse enthüllte, vor denen das Zahnfleisch nur noch flüchtete. Die Renovation kostet Minimum 30 000, rechnete ich für mich. Im selben Moment spürte ich beim Haaransatz die Haut reißen und musste fassungslos mit anschauen, wie mein Gesicht mir wie eine Sahnetorte glibbernd vom Schädel glitt und den Rest des Fleisches bis zu den Kniekehlen hinunter mit sich riss. Dann fielen mir die Augen aus den Höhlen. Die mussten dann, am Boden dahinkullernd, zusehen, wie zu guter Letzt auch noch mein mächtiges Skelett über mir zusammenkrachte.

Gott sei Dank wachte ich diesmal richtig auf. Dafür zierte der Abdruck der TV-Fernbedienung meine Backe. Von Grauen geschüttelt, stürzte ich in die Küche, um das Tiefkühlprodukt in den Müll zu schmeißen. Es war weg. Die gute Raumpflegefee musste es schon lange entsorgt haben. Beruhigt stellte ich fest, dass wenigstens bei mir alles noch an seinem Platz war. Da war ich aber froh. Ich musste nämlich zur Probe ins Stadttheater. Man gibt *Wiener Blut,* und ich spiele den Fiaker.

Wiener Blut

Das Abschicken meiner Steuerunterlagen vom vorletzten Jahr vermochte den Küchentisch nur kurzfristig zu leeren. Schon stapelt sich wieder Papier. Die neuen Belege und die seit Wochen aufgeschichtete Tagespresse verursachen erneut ein chaotisches Küchenwohnklima. Die Zeitungen kannten ja offenbar in der Altjahreswoche nur noch zwei Themen. Nämlich mich und die Flut. Das Leben beschert einem mitunter komische Rollen, die für einen selber, aufgrund sich überstürzender tragischer Ereignisse, plötzlich irgendwie bizarr wirken. Hier die luftig angerichtete Strauss-Operette, deren Melodien man als halber Österreicher nur mit einem neurochirurgischen Eingriff aus dem Kopf kriegt. Dort der amoklaufende Tod. Als ob er sich für die Statistiken rächen wollte, die uns den Anstieg der Lebenserwartung weismachen wollen.

Dies überlegte ich mir jedenfalls am Silvesterabend, als ich als Fiaker im Stück *Wiener Blut* den armen Rolf Wollrad über die Bretter jagte, welche die Welt bedeuten. Wegen der Aufregung vergaß ich die Hälfte meines Textes und reduzierte somit meinen ursprünglich zweiminütigen Kurzauftritt um eine ganze Minute. An der Premiere gab es für meinen Auftritt noch Szenenapplaus und wohlwollendes Gemurmel.

Gott sei Dank bin ich nicht stücktragend, dachte ich mir später, meine mächtigen angeklebten Koteletten im Garderobenspiegel betrachtend. Damit sehe ich aus wie im Film *Rückkehr zum Planet der Affen*. Zudem füllt mein brauner

Mantel die halbe Bühne. Schwierig für einen Debütanten, den ganzen Text zu behalten, wenn einen alle anschauen, als wäre man ein Erdrutsch. Dabei ist man bloß verkleidet. Die Operette wird wohl kaum mein Kernfach werden, sagte ich zu mir. Dazu bräuchte ich eine geschulte und gesunde Röhre. Nicht so einen vertrösteten Auspuff, wie es mein eigenes Organ ist. Das reicht doch höchstens noch für *Hoochie Coochie Man* oder *Je t'aime, moi non plus*.

Für den Spartenwechsel ist es also zu spät, trotz Spaß an der Sache. Die Gelenke erzählen mir ja jetzt schon vom bösen Alter. So fängt man schön langsam an, sich mit dem eigenen Tod anzufreunden. Damit kann man irgendwie leben.

Ich weiß nicht, wie es wäre, müsste ich in Phuket oder Sri Lanka aufs Meer hinausstarren und auf die Kinder warten. Allein die Vorstellung ist unerträglich. Um irgendwie zu helfen, ließ ich einige Giacomettis springen und ertrug sogar den Solidaritätschor im Abendprogramm. Danach ging es mir etwas besser, und ich war stolz auf die Schweiz. Auch wenn das scheinheilig sein mag.

Zeitreise

Neulich wechselte ich während meines Auftritts als Fiaker im Stadttheater die Zeitebene. Für einen unendlichen Moment lang lebte ich tatsächlich in der Zeit Metternichs und des Wiener Kongresses. Das war damals so etwas wie heute das WEF oder der G8-Gipfel. Die Großkopferten feierten und teilten sich die Welt auf. Vielleicht lag es an all den singenden Österreichern, eventuell war es aber auch die mich seit Tagen plagende Darmgrippe, welche mich zeitlich dermaßen entrückte. Jedenfalls landete ich als Kutscher in einer der miesesten Gegenden der Donaumetropole. In der guten alten Zeit, die nie gut gewesen war. Jedenfalls nicht für die Armen, welche sich die Lungen in Form blutender Brocken aus der Brust husteten. Im faulenden Vorhof der Hölle, wo stets mehr Augen in die Suppe hineinstarrten als heraus. Die aufgeplusterten, walzertanzenden Aristokraten ließen die Wut in mir aufkeimen, sodass ich innerlich schon die Pistolen für das Jahr 1848 lud. Wen wunderts, dass ich dem Fürsten Ypsheim so richtig meine Meinung sagte und mir noch ein paar zusätzliche Flüche entfuhren, welche im Skript gar nicht vorgesehen waren.

Tosender Szenenapplaus, gefolgt von einer Darmkolik. Danach floh ich im eisigen Regen, noch immer geschminkt und mit angeklebtem Backenbart, aus dem Musentempel. Über die Kornhausbrücke Richtung Wyler. Ich muss ausgesehen haben wie Dr. Jekyll, der sich gerade zu Mr. Hyde wandelt. »Jesses, Endo, cha mä näch hälfä?«, holte mich eine besorgte Passantin ins Jetzt zurück. Zu Hause angekommen,

199

beschloss ich spontan, mein wunderschönes, ungebrauchtes Handy in Betrieb zu nehmen, welches ich vor zwei Jahren zu Weihnachten geschenkt bekommen hatte. Obwohl ich mir eigentlich ein Mobiltelefon in der Art des ehemaligen PTT-Tischmodells Trub aus einheimischem Massivholz gewünscht hatte. Am liebsten mit Wählscheibe, weil ich diese winzigen modernen Tastaturen ohne Brille sowieso nicht bedienen kann. Nach einer Weile gelang es mir, eine SMS zwecks Zeitabklärung an meine Tochter abzuschicken. Diese simste mir dann zurück, sie hätte offenbar eine Nachricht von Außerirdischen erhalten. Und tatsächlich, mit meinem bauschigen Theaterhaarteil sah ich aus wie Gucki der kosmische Mausbiber aus den Perry-Rhodan-Science-Fiction-Heftchen. Später beim Duschen wurde mir aber schlagartig klar, dass ich mich immer noch im 21. Jahrhundert befand. Ich entdeckte nämlich in meiner Zimmerli-Unterhose unappetitliche Zeichen, welche mich an das Porträt eines prominenten Texaners erinnerten.

Ich werde das Objekt im Internet versteigern.

Nicht telegen

Warum denn das laue Fernsehprogramm nicht mit einem selbst aufpeppen, fragte ich mich, als ich als Promi zu *Eiger Mönch und Kunz* eingeladen wurde und kläglich versagte.

Ich hätte schon eine ziemlich unvorteilhafte Frisur, stichelte einige Tage später ein Bekannter im Coop Breitenrain. Auch sonst hätte ich bei *Eiger Mönch und Kunz* nicht gerade eine gute Figur gemacht.

Stimmt, Beat Schlatter war mir immer eine Zehntelsekunde voraus. Die Zürcher wissen ja immer alles besser. Wahrscheinlich bin ich einfach nicht TV-kompatibel. Dafür gab es aber wenigstens einen Trostpreis. Zwei Eintritte für das Musical *Space Dream* in Winterthur. Als ob die Fernsehmacher geahnt hätten, dass ich ein Anhänger der Raumfahrt bin. Das ging mir jedenfalls später durch den Kopf, als ich zu Hause vor dem Badezimmerspiegel kritisch mein Outfit betrachtete und zum Schluss kam, dass ich allmählich aussehe wie einer dieser Hirtenteppiche aus den wilden Siebzigerjahren.

Zwar hatten damals alle ein Moos, aber ob ich mich heute mit meiner Hippie-Frise bei *MusicStar* besser machen würde als bei *Eiger Mönch und Kunz,* ist fraglich. Die sehen ja alle aus, als wären sie bei den US-Marines, und da möchte ich gar nicht erst hin. Nicht einmal mit der Fernbedienung. Bloß Chris von Rohr mit seinen hoch angesetzten Fäden spendet einem da stylingmäßig ein wenig Trost. Nicht so aber D. Soost mit seiner spiegelnden Billardkugel. Der sieht ja aus wie Meister Proper. Wegen solcher Typen hatte ich mich seinerzeit vor der Rekrutenschule gedrückt. Der erinnert einen an einen Türsteher vor einer dieser Mpfza-Mpfza-Diskotheken, welche man ohne schusssichere Weste besser erst gar nicht betritt.

Dann doch lieber Soost in *MusicStar* als im realen Leben. Aber bloß nicht aktiv, sondern passiv. Da würde ich mit meiner Lockenpracht ohnehin schon beim Casting scheitern. Im Fernsehen kann man Detlef, Chris, Mia oder gar Arabella wenigstens ausschalten.

Während ich mir mit meinen Fingern vor dem Spiegel durch die Haare fuhr, beschloss ich für mich, mir nach Beendigung meines Gastspiels als unflätiger Fiaker im Stadttheater einen Haarschnitt wie der Bulle von Tölz verpassen zu lassen und damit endlich telegener zu werden. Danach warf ich mich in den Sorgensitz und zappte mich ein wenig durch die Programme, was mir aber verleidete. Wenigstens entnahm ich aus der Tagespresse gute Nachrichten aus der wirklichen Welt. Im Papillorama in Kerzers zum Beispiel hatte es zu meiner großen Freude bei der Familie Anakonda zahlreichen Nachwuchs gegeben. 40 Riesenschlängeli erblickten das Licht der Welt. Vielleicht benennen sie einen der Wonneproppen nach mir.

Schweiz ist geil!

Mit dem Song von Schnappi, dem kleinen Krokodil, hat der aus Deutschland kommende Schnäppchenwahn seinen vorläufigen Höhepunkt erreicht. Was Wunder, dass auch mir, der ich der Schnäppchenjagd noch nie viel abgewinnen konnte, manchmal Zweifel betreffend unserer hiesigen Hochpreisinsel kommen. Solche gingen mir jedenfalls durch den Kopf, als ich in Vatters Bio-Supermarkt am Bärenplatz ein Säcklein der leckeren Guggenloch-Dinkelguzzis schnappen wollte. Um etwas Gesundes zum Knabbern bereitzustellen. Damit wir die Schicksalsschläge, welche Tanja Wedhorn in der Telenovela *Bianca – Wege zum Glück* zu erdulden hat, seelisch besser verkraften können. Das plante ich jedenfalls. Bis ich einen Blick auf das Verfallsdatum der Naschware geworfen hatte, welche mit dem 28.2.05 ziemlich knapp bemessen war, zumal wir den 2.3. schrieben. Um zu demonstrieren, wie sehr mir das Motto »Geiz ist geil« allmählich auf den Keks geht, machte ich wegen der abgelaufenen Spitzbuben auch kein großes Theater, sondern stellte sie wortlos ins Regal zurück. Schließlich verließ ich das Geschäft mit einem zierlichen Schnittlauchbüschel für Fr. 1.80. Bestehend aus 47 Halmen und einem Gummiringli. Den Einkauf steckte ich in einen Chräschlisack und trug ihn triumphierend mit ausgestrecktem Arm Richtung Bahnhof. Unterwegs kaufte ich mir zum Trost ein Mars. Beim Loebeggen befielen mich aber dann plötzlich diffuse Schuldgefühle. Vielleicht war es nur der Anblick der frierenden Bruderschaft der Opiatfreunde, welche meine Stimmung verdüsterte. Eventuell war es aber auch die vage Angst, mit meinem Kräutersäckli für einen Marihuana-Dealer gehalten zu werden. Irgendwie, obwohl völlig schuldlos, fühlte ich mich schlecht. Wie vor dreißig Jahren, als ich einmal zur Aufbesserung meines Stiftenlohns am Villacher Hauptbahnhof australischen Bahntrampern zwei in Kinderarbeit gefertigte Bidis als jamaikanische Buschjoints verkauft hatte. Vom Erlös kaufte ich mir schändlicherweise eine Schallplatte der Gruppe Dave Dee, Dozy, Beaky, Mick & Tich. Irgendwie schämte ich mich im Nachhinein und war froh, mich mit dem Salatgewürz endlich in den überfüllten Wylerbus quetschen zu können. Beim Wyleregg machte der Schnittlauch aber bereits einen so müden Eindruck, dass ich beschloss, mir im nahen Bio-Laden Ersatz zu besorgen. Schnittlauch hatte es zwar keinen mehr, dafür aber knackefrische Guggenloch-Guzzis für Fr. 7.80. Mit einer Laufzeit bis zum 15. Mai. Schon auf dem Weg nach Hause dezimierte sich jedoch das Gebäck dramatisch, sodass wir die nächste Bianca-Folge wohl wieder mit »Kambly« durchstehen müssen. Die Spitzbuben mundeten übrigens vorzüglich. Liebevolle Schweizer Handarbeit. Nicht Geiz, sondern Schweiz ist geil, sagte ich zu mir. Mit dem dekadenten Gefühl, gerne mehr bezahlt zu haben.

Wo wohnen die Kasserolliers heute?

Was dem Japaner sein Fudschijama oder dem Mexikaner sein Popocatepetl, das ist dem Schweizer sein Matterhorn. Für mich der Berg der Berge. Weil ich unsere liebste alpine Auffaltung bisher bloß als Werbesujet zu Gesicht bekommen hatte, nahm ich auch freudig eine Einladung der Rhätischen Bahn an, eine kleine Reise mit dem Glacier Express zu unternehmen und dabei gleichzeitig das hohe Lied des Qualitätstourismus zu singen. Ich liebe unsere Bergbahnen, diese herrlichen Zeugnisse verflogener Kühnheit der Ingenieure und Investoren, welche es erst ermöglichten, auch noch so abgelegene Orte wie Zermatt als touristische Goldgrube zu nutzen.

Und tatsächlich erinnern Teile dieses Ortes ohne den beschönigenden Schnee an eine Geisterstadt aus der Zeit des Goldrausches. Diesen Eindruck hatte ich jedenfalls, als wir nach der Fahrt durch den Nebel, welcher nur ab und zu kurze Ausblicke auf die schrecklichen Schluchten und schroffen Gipfel freigab, müde in Zermatt ankamen und dann leider in der Dependance des Hotels Derby landeten. Durch die Fenster dieser düsteren Bleibe hatte man zwar keinen Ausblick auf die Bergwelt, dafür aber auf Müllcontainer, Altpapierstapel und gebrauchte Papiertaschentücher, welche in den dürren Büschen vor unserem Balkon ihre schauerlichen Tänze vollführten. Für die Bergluft sorgte der Dunstabzug der gegenüberliegenden Hotelküche, welcher dröhnend Frittierölnebel in das enge Gässchen pumpte. Innenarchitektonisch sah diese Unterkunft aus wie in einer dieser Sendungen, in denen Wohnungen verschönert werden. Allerdings wie vor dem Eingriff, wie das Tochterkind schnippisch, aber treffend bemerkte. Sie hatte sich das Ganze romantischer vorgestellt. Der Kleine meinte bloß, ihm sei schlecht, und mir erging es auch nicht anders. Dieses Umfeld gemahnte mich an meine Zeit als Kasserollier in einem Strandhotel am Faaker See, und ich fragte mich, wo denn heutzutage die Tellerwäscher schlafen.

Schließlich packten wir wieder und verließen dieses Mutlosigkeit ausstrahlende touristische Sanierungsgebiet im Musikantenstadlstil in Richtung Zermatterhof, wo uns endlich wahre Gastlichkeit widerfuhr. Am Morgen grüßte uns von Weitem unwirklich schimmernd das heilige Horn, dessen überwältigender Anblick jede touristische Strapaze rechtfertigt.

Keine Frage, ich komme wieder, durchfuhr es mich gerührt. Nur werde ich nächstes Mal, proviantiert mit einer Schachtel der exzellenten Pralinés aus der Confiserie Biner, mein Biwak direkt in den Fels des Horns hängen oder gleich ein Zimmer im Fünfsternebereich buchen, um dem Berg meine Aufwartung zu machen.

Die tollen Stewardessen

In Mallestig, dem Südkärntner Kaff, in dem ich meine Kindheit verbrachte, gab es nur drei Leute, die jemals ein Flugzeug von innen gesehen hatten. Einen ehemaligen Heckschützen der deutschen Luftwaffe, den Briefträger, welcher von Stalingrad mit einem Kopfschuss heimgeflogen wurde, und mich. Meine Mutter pflegte mich jeweils zu Beginn der Sommerferien am Klagenfurter Flughafen in eine zweimotorige Propellermaschine des Typs Metropolitain zu setzen, um mich, mit Zwischenlandung in Salzburg, ferienhalber in die Schweiz fliegen zu lassen.

So galt ich im Ort als weitgereister junger Mann, was mir natürlich gefiel, weil ich mit meinen Flugreisen prahlen konnte. Von den tollen Stewardessen zum Beispiel.

So attraktive Frauen sah man sonst höchstens in der *Eisrevue,* deren Besuch uns im Internat wegen zu viel nackter Haut verboten war.

Vom Cockpit, wo ich neben dem Piloten sitzen und sogar den Funkverkehr mithören durfte. Oder, dass ich zweimal Cordon bleu bekam, ohne Gemüse dazunehmen zu müssen – und das alles, während ich die Berge von oben betrachtete.

Oder von den Turbulenzen, die uns kurz vor der Landung in Salzburg durchschüttelten, sodass ich in der Panik meine Fanta ausleerte. Peinlicherweise auf die schönen Knie des brünetten Engels der Luftfahrt, in welchen ich mich just im selben Moment unsterblich verliebt hatte.

Ich hatte mein anfänglich leichtes Unwohlsein dermaßen

erfolgreich dramatisiert, bis sie sich bleich am Sitz neben mir festschnallte und meine Hand hielt, die ich ihr eigentlich aufs Knie legen wollte. Kurz bevor ich todesmutig im Begriff war, sie zu küssen und meine Hand unter ihren Rock zu schieben, ohne genau zu wissen, was mich dort erwarten würde, flippte mein Magen aus und stülpte sich über meine geschockte Flugbegleiterin. Seitdem hasse ich Salzburg.

Trotzdem wollte ich Pilot werden – klopften doch schon die Flugträume der Pubertät schmerzhaft an den Latz der kurzen Lederhose, die bei uns im Dorf die Standardbekleidung der Buben war. Auch im Winter. Da musste man eine grob gestrickte lange Unterhose drunterziehen. Das scheuerte.

Zurück aus den Ferien, begann ich in den Felsklippen der Karawanken herumzukraxeln, um meiner Stewardess näher zu sein, bis ich die volle Wucht der Erdanziehung kennenlernte. Ich stürzte 25 Meter tief ab. Besser gesagt, ich flog vertikal in eine riesige Tanne, die mich kopfüber in einen Schneehaufen katapultierte. Ich überlebte mit gebrochenem Steißbein, fünf gebrochenen Rippen, Gehirnerschütterung, Prellungen und Hautabschürfungen.

Danach fühlte ich mich wie eine Hundehütte – überall in mir lagen zerbrochene Knochen herum.

Vielleicht habe ich nur, um die Gravitationskraft zu stärken und ein weiteres unkontrolliertes Wegfliegen zu verhindern, seither kontinuierlich an Gewicht zugelegt.

Flugzeuge betrete ich nur noch im Notfall und vorzugsweise unter Vollnarkose. Luft hat ja bekanntlich keine Balken, und außerdem ist es schon ziemlich lange her, seitdem eine Stewardess meine Hand gehalten hat.

Ich würde »Lufthänsli« vorschlagen

Eigentlich wollte ich ja nie mit der Swiss fliegen. Um mir meine schönen Erinnerungen an die alte Swissair nicht kaputtzumachen. Als ich noch alljährlich, zwecks Sommerferien, von meiner Mutter per Flugzeug in die Schweiz verschickt wurde. Da fühlte ich mich, von attraktiven Stewardessen betreut, wie Onassis und nicht wie ein pubertierender Ferienbub. Trotzdem konnte ich jüngst dem verlockenden Angebot Zürich–Berlin retour für nur Fr. 270.– nicht widerstehen und bestieg, gegen alle meine Vorsätze, eine Maschine der Swiss in Kloten.

Es gibt Städte, die mag man auf Anhieb. Mir geht es so mit Berlin. Vielleicht, weil dort der Himmel weiter ist als hier, wo einem der Sandstein ganz schön auf der Kappe liegen kann. Eventuell rührt meine Sympathie für die Stadt an der Spree aber auch nur daher, dass Bern und Berlin so viele verborgene Gemeinsamkeiten haben. Wir haben unsere Aareschleife mit dem Bundeshaus, die haben ihren Spreebogen mit dem Bundeskanzleramt. Dieses ist leicht zu finden, da es gleich neben der Schweizerischen Botschaft liegt. Dieses architektonische Szenario erinnert einen ein bisschen an die Ricola-Werbung. Interessant ist auch, dass der ehemalige Palast der Republik frappant unserem Hauptbahnhof vor dem Umbau ähnelt. Zudem las ich auf dem Dach des maroden DDR-Gebäudes, mit riesigen Neonlettern geschrieben, das Wort »Zweifel«. Zuerst dachte ich mir, dass die Deutschen doch jetzt tatsächlich Werbung für unsere Kartoffelchips machen, später erklärte mir jedoch eine Bekannte, dass es sich bei diesem »Zweifel« keineswegs um eine Exportof-fensive der Schweizer Nahrungsmittelindustrie handelt, son-dern um eine Kunstaktion.

Das war mir dann irgendwie peinlich. Trotzdem fühle ich mich als Berner in Berlin immer noch gut angenommen. Die Deutschen mögen uns halt einfach. Sonst hätte Luft-hansa wohl kaum unsere Swiss aufgekauft. Bliebe bloß noch die Frage nach dem neuen Namen. Ich würde »Lufthänsli« vorschlagen. Das dachte ich mir jedenfalls später auf dem Heimflug. Als ich die Lichter von Berlin unter mir kleiner werden sah und tatsächlich noch so etwas wie Flugromantik in mir aufsteigen spürte. Jedenfalls bis die grelle Beleuchtung in der Kabine angeschaltet wurde. Um die Silserli, Appen-zeller Biberli und das Valserwasser an den Mann zu bringen. Nach einer Stunde meldete sich der Kapitän und erklärte uns, dass wir nun Zürich unter uns sehen würden. Leider sah man wegen der Neonröhren überhaupt nichts, und ich fragte den säuerlich lächelnden Flugbegleiter, ob es nicht besser rentieren würde, gleich einen Selecta-Automaten auf-zustellen.

Helvetismen

AHV Obligatorische Alters- und Hinterbliebenen-Versicherung
Alplermagronen Nudelspeise aus der Mikrowelle
AMAG off. VW-Vertretung
Angebiselt angepisst
Ankenmödeli Butterstück
Ätti Opa
AUNS Aktion für eine unabhängige und neutrale Schweiz
   (Europagegner)
Barry Rettungs-Bernhardiner mit Schnapsfass um den Hals
BEA Berner Ausstellung
Bébé Baby
Beiz Kneipe
Bell Großfleischerei
Bibeli Pickel
Black Block schwarzer Block, Autonome
Blutt nackt
Bööggen Nasenpopel
Cervelat Wurst mit Nationalcharakter
Chräschliseckeli Knistersäcklein
Christenverfolger Mofa
Davoser Schlittenmodell
Der Egli bekannter Bestattungsunternehmer in Bern
Duftchüssi als Aromasäckchen getarnte Marihuana-Portion
Duvet Federbett
Frigo Kühlschrank (SIBIR)
Frise Frisur
Füdlitätsch Hintern versohlen
Fünfliber Fünffrankenstück
Giacometti vulgo Hundertfrankennote

Gipfeli Croissant
Goofen Kinder
Göppel Auto
Göttibatzen Patengeld
Gring Kopf
Gruusig grauslig
Gschtürm Streiterei
Guggerzytli Kuckucksuhr
Hälä plemplem
Hippiegschpängschtli Hippie-Gespenst
Hoger Hügel, Berg
IKUR Betreiber des autonomen Kulturzentrums Reithalle
   in Bern
Kägi-Fret Schokowaffel
Katzentööri Katzentürchen
Klötze vulgo Bremsen
Knurrunkulus, Schwafli (Schwätzer), Lahmaschi (Lahmarsch)
   Kasperlitheater-Figuren
Micasa Einrichtungslinie der Migros
Mostindien vulgo für Kanton Thurgau
Münz Kleingeld
Nasegrübeln Nasebohren
NEAT Neue Eisenbahn-Alpentransversale
Occasionsauto Gebrauchtwagen
Öppis etwas
Pfunden kacken, großes Geschäft
Pfuusen schlafen
PTT ehemals staatlicher Post-, Telegraph-, Telefon-Konzern
Rüebli Karotten
Säftle Apfelwein
Samichlaus Nikolaus
Sauniggel Schmutzfink
Schaft Schrank, Kasten
Schale Anzug
Schlag Zimmer, Wohnung
Schmelzbrötli Madeleines, Muffins
Securitas Privater Sicherheitsdienst
Seichwarm warm wie Pisse
Selecta Verpflegungsautomat

Senkeltram Lift ins Matte-Quartier

Snöben snowboarden

Stapi Stadtpräsident, Bürgermeister

Stutz Hang, Anstieg – auch Geld

Suufbrüederli Geranienart

SVP Schweizerische Volkspartei, populistische, ehemals Bauern-, Gewerbe- und Bürgerpartei

Thonsalat Thunfischsalat

Tüpfi Tussi

Up-Town Veranstaltungsort auf dem Hausberg Gurten

VBS Eidgenössisches Departement für Verteidigung, Bevölkerungsschutz und Sport

Verlaueren verschlampen

WEF World Economic Forum

WIR Bargeldloser Zahlungsverkehr für Klein- und mittelständische Unternehmen

Zigis Zigaretten

Zügeln umziehen, Wohnort wechseln

Cervelat-Prominenz

Anaconda, Endo Kolumnenschreiber, Lästermaul und Sänger der Gruppe Stiller Has

Baumgartner, Klaus Populärer, ehemaliger schwergewichtiger Stadtpräsident (1993–2004) mit Hang zu gelegentlichen Thunfischdiäten, auch genannt Der blonde Bär oder Baumi

Bohrer-Fielding Illustres, glamouröses ehemaliges Schweizer Botschafter-Ehepaar in Berlin (1999–2002)

Blocher, Christoph SVP-Bundesrat (2004–2007), ehemals international erfolgreicher Unternehmer, senkrechter EU-Gegner, mit Hang zu populistischen Auftritten

Fenk, Carmen Teilnehmerin der ersten Musikstaffel des Schweizer Fernsehens

Fröhlich, Elias Selbst ernannter Popmusikpapst, langjähriger Musikjournalist

Fuchs, Thomas So etwas wie ein Popstar der Jungen SVP, Großrat des Kantons Bern (seit 2002), geübter Verhinderungstaktiker

Gölä, eigtl. Pfeuti, Marco Singender Bauarbeiter

Haas, Mäusli Bürgerliche Berner Stadträte

Hofer, Polo Legendärer Mundart-Musiker, Vaterfigur der Schweizer Musikszene, bekennender Hanffreund

Lauener, Kuno Sänger der Rockgruppe Züri-West

Martinetti, Nella (1946–2011) Bekannte Entertainerin aus dem Tessin (Grandprix Eurovision)

Maurer, Ueli Aufrechter, mitunter unfreiwillig komisch wirkender SVP-Politiker, Präsident der SVP Schweiz 1996–2008, seit 2009 Bundesrat

Mörgeli, Christoph Bis 2012 Direktor des Medizinhistorischen Museums Zürich, SVP-Parteipolitiker, Chefvorbeter der Zürcher Kantonalpartei

Nadim Vorstadt-Casanova aus dem Big-Brother-Container

Natacha Berndeutsche Version von Madonna

Ogi, Adolf Beliebter Ex-Bundesrat

Reber, Peter Liedermacher, ehemals international bekannt mit
Peter, Sue und Marc

Schlatter, Beat Kabarettist

Steinegger, Franz Politikurgestein, Retter der Expo 02

Trütsch, Sepp Ehemaliger Volksmusikpapst

Tschäppät, Alexander Volksnaher SP-Stadtpräsident, Nachfolger
von Baumgartner, Klaus

Wasserfallen, Kurt (1947–2006) Freisinniger Rechtsaußen in der
Berner Stadtregierung (seit 1993). Musste wegen seiner un-
verhältnismäßigen Tränengaseinsätze das Polizeidepartement
abgeben und prüfte danach die desolaten Stadtfinanzen.

Wenger, Nelly; Heller, Martin Expo-02-Macher

Lokalitäten

Adrianos Legendäre Café-Bar

Alpamare Erlebnisbad in der Nähe Zürichs

Bärengraben Wahrzeichen von Bern

Brasserie Lorraine Selbstverwaltetes Restaurant

Christoffe-Passage Unterführung Bahnhofplatz mit Mauerresten der ehemaligen Stadtbefestigung

City-West Schmuckloser Bürokomplex

Drei Eidgenossen Winziger Szenetreff

Café des Pyrénés Treffpunkt der Boheme

Muri Vorortgemeinde von Bern, Steueroase

Mürren Wintersportort

Quartiere in Bern Altenberg, Quartier an der Aare; Kirchenfeld, noble Wohngegend; Nordring, Autobahnzubringer; Lorraine, Arbeiterviertel; Wyler, dito.

Neufeld-Parkhaus (Fehlinvestition, da meistens leer)

Wankdorf Fußballstadion, Deutschlands einziger heiliger Boden außerhalb seiner Grenzen, siehe das Wunder von Bern

Marzili Aareflussbad

Dälhölzli Tierpark an der Aare gelegen

Egelsee von Rossbollen und Hundescheiße überdüngtes, stehendes Stadtgewässer

Obstberg Quartier der alten und jungen Erben

Senkeltram Öffentlicher Personenlift

Zollikofen Vorortgemeinde

Zytglogge Uhrturm, Wahrzeichen der Stadt Bern

Die Schweiz im Unionsverlag

CHARLES LEWINSKY, DORIS MORF
Hitler auf dem Rütli – Protokolle einer verdrängten Zeit
Am 10. Mai 1940 beginnt ein Albtraum unserer Geschichte: Die
Hitler-Truppen marschieren in die Schweiz ein. Trotz tapferer
Gegenwehr muss die Armee nach wenigen Tagen kapitulieren.
Die Igelstellung wird überrollt. Der Bundesrat geht ins Exil.
Der »Gau Schweiz« wird dem Dritten Reich angegliedert. Es
gibt keinen »Sonderfall Schweiz« mehr.

ELISABETH GERTER
Die Sticker
Dies ist der Roman vom dramatischen Aufstieg und Nieder-
gang der schweizerischen Stickereiindustrie. Konjunktur und
Krise, brüchiger Wohlstand und bittere Armut, Siegeszug der
Maschine und Arbeitslosigkeit, Krieg und Grenzbesetzung,
Versammlungen, Brückenbesetzung und Streik: In diesem Rah-
men spielt sich das Leben der Stickerfamilien vor uns ab.

ELISABETH GERTER
Schwester Lisa
Mit hohen Idealen tritt Schwester Lisa in den Krankendienst.
Aber zermürbende Arbeitsverhältnisse und heuchlerische Mo-
ralgesetze richten sie körperlich und seelisch beinahe zugrunde.
Sie flüchtet in die Ehe und wird erneut in Selbstlosigkeit und
Unordnung gezwungen. Doch sie erkämpft sich den Weg zu
Selbstständigkeit und Selbstbewusstsein.

Mehr über alle Bücher und Autoren auf *www.unionsverlag.com*

Die Schweiz im Unionsverlag

FRIEDRICH GLAUSER

Schlumpf Erwin Mord

Der Mord im Gerzensteiner Wald scheint ein Routinefall zu sein: Der Verdächtige, ein Vorbestrafter, der im Übrigen ein Liebesverhältnis mit der Tochter des Ermordeten hat, sitzt bereits in Untersuchungshaft. Wachtmeister Studer, Fahnder der Berner Kantonspolizei, ist jedoch von dessen Unschuld überzeugt.

FRIEDRICH GLAUSER

Matto regiert

Eine Irrenanstalt im Kanton Bern in den Zwanzigerjahren: Wachtmeister Studer ist nicht nur einem Verbrecher auf der Spur, sondern blickt auch hinter die Kulissen psychiatrischer Theorien und Therapien. Er tritt eine Reise an in die dunkle Grenzregion zwischen Normalität und Wahn, wo Matto, der Geist des Irrsinns, regiert.

FRIEDRICH GLAUSER

Briefe

Friedrich Glauser schrieb zeitlebens Briefe von ungeheurer Intensität: Seine ganze Angst und Not bringt er darin zum Ausdruck, aber auch seinen Reichtum an Hoffnungen, an präzisen Beobachtungen. Die über 600 Briefe an Freunde, Zeitgenossen und Geliebte, an Behörden, Verlage und Ärzte sind ein einzigartiger Spiegel seines Lebens und Überlebens.

Mehr über alle Bücher und Autoren auf *www.unionsverlag.com*

Die Schweiz im Unionsverlag

Jörg Sambeth
Zwischenfall in Seveso – Ein Tatsachenroman

Voll Tatendrang tritt der aufstrebende Chemiker seine Stelle im Konzern an. Da explodiert an einem Samstag in einer italienischen Fabrik, für die er verantwortlich ist, der Reaktor. Ein Gift breitet sich in der Umgebung aus. Die Konzernleitung befiehlt ihm zu schweigen. Was soll oder darf er tun? Über Nacht fühlt er sich verantwortlich für die größte Umweltkatastrophe, die bis dahin in Europa geschah.

Mitra Devi
Der Blutsfeind

Nora Tabani wird während eines Banküberfalls als Geisel genommen. Zufall? Oder hat sie jemand in eine Falle gelockt? Einer der Täter kennt sie. Doch warum hasst er sie so sehr? Der Plan der Täter geht schief, der erste Mord geschieht, die Lage eskaliert. Und Nora sieht sich mit den Schatten ihrer Vergangenheit konfrontiert.

Petra Ivanov
Geballte Wut

Sebastians Leben ist eine einzige Abwärtsspirale. Die Eltern sind enttäuscht, Freunde hat er kaum. Als er Isabella kennenlernt, scheint sein Leben eine Wende zu nehmen. Doch statt auf sicheren Boden, führt ihn diese Beziehung aufs Glatteis. Unfähig, sich aufzufangen, schlittert Seb geradewegs in eine Katastrophe.

Mehr über alle Bücher und Autoren auf *www.unionsverlag.com*

Die Schweiz im Unionsverlag

Innerschweiz fürs Handgepäck –
Rund um den Vierwaldstättersee
Mark Twain bummelt durch Luzern – *Max Frisch* legt den Mythos von Wilhelm Tell frei – *Urs Widmer* wandert mit Schiller durchs Land – *Peter von Matt* sucht auf dem Pilatus nach Dämonen – *Urs Oberlin* lässt sich von den Föhnwinden treiben – *Gertrud Leutenegger* sieht den Luzerner Bahnhof brennen – *Franz Hohler* lauscht dem Gesang der Berge – *Meinrad Inglin* gruselt sich vor dem Sennentuntschi ...

Reise ins Tessin –
Kulturkompass fürs Handgepäck
Giovanni Orelli: Lugano. Hauptstadt der Banken und Dirnen – *Virgilio Gilardoni:* Eine menschliche Landschaft. Von Baumeistern und Wahltessinern – *Piero Bianconi:* Söhne eines kargen Bodens – *Alfred Andersch:* Im Bergnest Berzona I – *Hermann Hesse:* Kirchen und Kapellen – *Erich Mühsam:* Rohkost auf dem Monte Verità – *Helen Meier:* Ein Haus, was ist das? Zu Gast bei Snozzi ...

Reise in die Schweiz –
Kulturkompass fürs Handgepäck
Al Imfeld: Eine Rösti wie Sonne und Mond – *Friedrich Dürrenmatt:* Schweizerpsalm – *Margrit Sprecher:* Die Mitte des Volkes – Expeditionen ins Innere der SVP – *Beat Sterchi:* Knorzen und Murksen beim Hosenlupf – *Peter Bichsel:* Des Schweizers Schweiz – *Adolf Muschg:* Ein Land kommt sich abhanden – *Sibylle Berg:* In der Standseilbahn – *Robert Walser:* Bern ...

Mehr über alle Bücher und Autoren auf *www.unionsverlag.com*

Weiterlesen mit dem Unionsverlag

LEONARDO PADURA
Die Palme und der Stern

Nach achtzehn Jahren im Exil kehrt der Schriftsteller Fernando nach Havanna zurück, um nach einem verschollenen Manuskript des Dichters José Maria Heredia zu suchen. Die Rückkehr führt ihn nicht nur zu den Geheimnissen der Freimaurer Kubas, denen Heredia angehörte, sondern auch in die eigene Vergangenheit: Wer hat Fernando vor bald zwanzig Jahren denunziert und damit ins Exil getrieben?

Padura verwebt drei Handlungsstränge: das Schicksal von Fernando, die Suche nach dem verlorenen Manuskript und die fiktiven Memoiren von Heredia. Gleichzeitig vermittelt er ein atmosphärisches Bild von Kubas Geschichte, vom beklemmenden Lebensgefühl im Exil und deckt erstaunliche Parallelen im Leben der beiden Schriftsteller aus zwei Jahrhunderten auf.

ATEF ABU SAIF
Frühstück mit der Drohne. Tagebuch aus Gaza

Am 7. Juli 2014 beginnt der bisher letzte der vielen Kämpfe um den Gazastreifen. Inmitten aller Pressestimmen zum Geschehen tauchen in den führenden Zeitungen der Welt Tagebuchtexte auf. Ihr Autor: Atef Abu Saif, ein in der arabischen Welt bekannter Romancier. Er hält fest, was um ihn herum geschieht. Wie er mit seiner Frau den Alltag bewältigt. Wie er seinen Kindern zu erklären versucht, warum sie nicht mehr auf die Straße dürfen.

In 51 Tagebucheinträgen, vom ersten bis zum letzten Tag des Krieges, ohne Polemik, ohne Schuldzuweisungen, erzählt Atef Abu Saif das Unvorstellbare. Von Tragödien, von Verzweiflung, von gegenseitiger Hilfe, von heiteren Momenten trotz allem und von einer unausrottbaren Zuversicht der Menschen.

Mehr über alle Bücher und Autoren auf *www.unionsverlag.com*

Weiterlesen mit dem Unionsverlag

Celil Oker
Lass mich leben, Istanbul
Remzi Ünal, Istanbuls einsamer Privatdetektiv, nikotinsüchtig und Kaffeeliebhaber, hat schon bessere Zeiten gesehen. Da taucht im Café Kaktüs Dr. Kemal Arsan, der smarte Internist einer Privatklinik, auf. Er vermisst seit vier Tagen seine Freundin, eine Krankenschwester derselben Klinik. Remzi übernimmt und scheint in ein Wespennest zu stechen: Ein junger Arzt liegt tot in der Wohnung einer Pflegerin, ein Kleinkrimineller geht mit dem Skalpell auf Remzi los, eine ominöse Klinik behandelt mit zweifelhaften Methoden. Die Ermittlung läuft aus dem Ruder.
Schöne, kluge Krankenschwestern, lügende Ärzte und eine verwirrte alte Frau halten Remzi im verkehrsverstopften Istanbul auf Trab. Wer gehört hier zu wem, und wer hat was zu verbergen? Remzi Ünal hat als Erster eine Ahnung.

Jeong Yu-jeong
Sieben Jahre Nacht
Sein Vater ist ein Versager: ein mittelmäßig erfolgreicher, ehemaliger Baseballspieler, der auf Druck seiner Frau eine Stelle als Sicherheitsmanager bei einem Stausee annimmt, um die Schulden zu bezahlen. In einer nebligen Nacht wird der Vater zum »Stauseemonster« – er ermordet ein Mädchen und öffnet den Stausee, um das ganze Dorf hinwegzufegen.
Wie kann ein elfjähriger Junge überleben, wenn alle Welt in ihm den Sohn des »Stauseemonsters« sieht? Sieben Jahre lang muss er sich verstecken. Jetzt lebt er einsam und geächtet in einem Dorf an der Küste. Nach einem erneuten dramatischen Ereignis wird die Vergangenheit aufgerollt, und die tatsächlichen Geschehnisse am Stausee werden Stück für Stück aufgedeckt. Am Ende ist alles anders, als es schien.

Mehr über alle Bücher und Autoren auf *www.unionsverlag.com*